GDPRはネットとデータをどう変えるのか

さよなら、インターネット

武邑光裕［著］　『WIRED』日本版元編集長 若林恵［解説］

ダイヤモンド社

最初にわたしたちは道具をつくる。次に、道具がわたしたちを形づくる。

――ジョン・カルキン＋マーシャル・マクルーハン（1967年）

はじめに

インターネットの代名詞となったワールド・ワイド・ウェブの発明者であるティム・バーナーズ＝リーは、近年の「インターネット・システムは破綻している[1]」と述べた。VR（バーチャル・リアリティ）というコンセプトとヘッドマウント・ディスプレイの発明者であるジャロン・ラニアーは、「ソーシャルネットワークのアカウントをいますぐ削除すべき[2]」と断言する。

冷戦時代、軍事用の情報通信手段として米国で構想されたインターネットは、１９７０年代と１９８０年代に、サンフランシスコのベイエリアとシリコンバレーのパロアルトに集うコンピュータ・プログラマーやデザイナーたちによって、世界を善くするツールとして再構築された。

(1) Olivia Solon, "Tim Berners-Lee on the future of the web: 'The system is failing,'" *The Guardian*, November 16, 2017 : https://www.theguardian.com/technology/2017/nov/15/tim-berners-lee-world-wide-web-net-neutrality.

(2) Jaron Lanier, "*Ten Arguments for Deleting Your Social Media Accounts Right Now*," Henry Holt and Co., May 29, 2018.

1989年のベルリンの壁崩壊と翌年の東西ドイツ統合に至る世界情勢を背景に、インターネットは世界中の誰ともつながることができるネットワークとして世界に開かれた。ベルリンの壁の崩壊後、インターネットは後のグローバリゼーションを加速させるシンボルとなり、デジタル経済を成長させるインフラとなってきた。ほぼ30年間の歴史を持つインターネットは、この間いったい何を間違えたのか？

iPhoneの創造に関与した人物が、そのデバイスには中毒性があると語り、ティム・バーナーズ＝リーは、彼の「創造」が一部のプラットフォーム企業によって「武器化されている」と恐れている。フェイスブックの初代社長であったショーン・パーカーは、ソーシャルネットワークの設計目的の中には、ユーザーを心理的に操作する危険な思惑が埋め込まれていると指摘した。

もともと1980年代にインターネットの創造に関与したサンフランシスコのネオ・ヒッピーたちは、1960年代を生きた親たちによる最初のヒッピー文化を受け継いだ世代だった。ジャロン・ラニアーは次のように回想する。

「わたしたちは社会主義的なヒッピーでしたが、すべてが自由であることも望んでいました。ステーブ・ジョブズが好きだったので、起業家も大好きでした。だからわたしたちは、同時に社会主義者と自由主義者でもありたいと思っていたのです。しかし、それは不合理なことでした」

オープン・ネットワークとしてのインターネットは、1990年代後半からシリコンバレーに集中するビッグテック企業の配下に変貌した。「インターネットの夢」はいつしか一部のIT巨人の経済的利益を生み出す独自のエコシステムに変貌してきた。

初期のインターネットに思い描いた夢は幻だったのか？

どうしてインターネットは壊れてしまったのか？

それとも、現在のインターネットこそ本来の宿命だったのか？

データとなったプライバシー

蛇の誘惑により善悪の木の実を食べたアダムとエヴァに、羞恥心や猜疑心、怒りや悲しみ、利己主義や嫉妬などの感情が芽生えた。旧約聖書のアダムとエヴァの物語は、西洋社会におけるプライバシーや個人主権の原点としても語られてきた。

もともと自然界とインターネットにはヒトのプライバシーはなかった。わたしたちは衣類や隠れ家からはじまる自然界のプライバシー技術を多く発明してきた。しかし、デジタル世界と並走するようになってから、その技術はそれほど成熟していない。

デジタル世界の外にいるときでさえ、わたしたちは裸で街を歩いているのと同じだ。データとなった人々のプライバシーはひとり歩きしている。Ｗｉ－Ｆｉが空気の一部となり、大自然の中でさえデジタル世界に囲まれる。

厄介なことに、わたしたちが訪れるほぼすべての商用ウェブサイトは、追跡ベースの広告を呼び込み、個人データの抽出を経済化する装置となっている。そのためにアドテック企業は、わたしたちのビーコン（無線標識）を追跡する「工場」に莫大な広告費を投げ入れる。その工場のひとつがソーシャルネットワークだ。

２０１８年４月10日と11日の２日間、フェイスブックのCEOマーク・ザッカーバーグが米国上院審議会に証人として出席、発言した。８７００万人に及ぶフェイスブック・ユーザーの個人データが、２０１６年の米大統領選期間中、英国のデータ分析会社ケンブリッジ・アナリティカによって濫用された事件に、44人の上院議員からひとり5分以内の質問が相次いだ。ザッカーバーグの予定調和の返答の中で際立っていたのは、「フェイスブックはユーザーのデータを広告主に売っていない」という発言だった。

ロビイストか顧問弁護士が用意した回答だったかもしれないが、世の中の誰もが抱く「疑念」を晴らそうとしたザッカーバーグの自信に満ちたこの発言は、逆に論理のすり替えや嘘に転化してしまう問題の根深さを世界中に印象づけた。

フェイスブックの中の広告

フェイスブックはデータを広告主に販売せずにどのようにして収益をあげるのか？

フェイスブックは２０１７年度に４００億ドル（約４・２兆円）の広告収入を得た。グローバルなデジタル広告市場シェアで、グーグルに次いで2番目である。フェイスブックは、あなたの年齢や居住地など、あなたが提供したデータを使用し、それを携帯電話の位置情報や嗜好分析と組み合わせて特定のユーザーに広告を〝フィット〟させる。

フェイスブックは、ユーザーのニーズがより具体的に判明すれば、より多くの金額を広告主に請求することができる。パワフルなユーザー選択ツールを使用することで、広告主が望む潜在顧客をターゲットにすることができる。

広告主は、彼らが標的にするユーザーのタイプを選択する。フェイスブックは広告を表示するユーザーを選択するために、フェイスブックが持つ個人データを用いて、内部的な適合作業を行う。この場合、確かにフェイスブックはデータ自体を広告主に販売してはいない。それはフェイスブック内部で行われているためだ。しかし、あなたのデータがなければ、フェイスブックはターゲットを絞った広告を広告主に提供することはできない。

通常、わたしたちの個人データがフェイスブックから流出することはないと思われてきた。最新のプライバシー・スキャンダルは、トランプ陣営が提携したコンサルティング会社ケンブリッジ・アナリティカの内部告発からはじまった。研究ツールに偽装したアプリを通じて、何千万人ものフェイスブック・ユーザーの個人データが流出した。フェイスブックはアプリにもデータは販売しない。アプリが、フェイスブックの個人データを吸い取ったのだ。

「わたしたちのチームに、セキュリティへの多大な投資をするよう指示しました。これはわたしたちの今後の収益性に大きな影響を与えることになるでしょう。しかしわたしは、われわれの利益を最大化するよりも、コミュニティを守ることが重要であり、それがわたしたちの優先事項であることを明確にします」

今後、利益よりプライバシーを重視すると、ザッカーバーグは述べた。これが、現在の顧客追跡型の広告収益モデルからの離陸宣言であるかは不明である。というのも、フェイスブックのCOOシェリル・サンドバーグは、フェイスブックのビジネスモデルに関して重要な発言を行っている。彼女は、ユーザーにオプトアウト（個人データの第三者への提供を本人の求めに応じて停止する）の選択肢を提供できる唯一の方法は、フェイスブックの有料サブスクリプション・モデルだけだと述べた。

フェイスブックは20世紀のTV産業と同じように、ユーザーに向けた「広告」で収益をあげている。

プライバシーの死か、広告の死か

いま、コンテンツやサービスの「タダ乗り」の文化は大きく修正されている。すでに欧米のジャーナリズムや音楽配信も、有料化やサブスクリプションに移行している。フェイスブックが個人データとプライバシー保護に徹したサービスを開始するなら、対価を払い、この便利なサービスを継続してもらいたいと願うユーザーは多いはずである。

しかし、フェイスブック有料化で一番困るのはアドテック企業であり、広告主である。「プライバシーの死」がターゲット広告という奇跡を生み出した。いま、プライバシー保護は「広告の死」と対峙している。逆にいえば、フェイスブックから「広告」を排除したら、世界の広告業界に甚大な影響が生じる。グーグルとフェイスブックは、現代のデジタル広告やマーケティングにとって不可欠なプラットフォームなのだ。

自然界には、プライベートなものとそうでないもの、そしてその両方を尊重する、長い間確立された規範がある。法律もこの規範のまわりで成長してきた。しかし、21世紀初頭に起きているプライバシー問題は、善悪の木の実を支配する技術とそれを規制する政策とが、わたしたちの実際の「被害届」以前に到来しているということだ。

しかも、わたしたちは個人的なプライバシー権の確保を切望しているとはいい難い。要するにフェイスブックを使っていても、自分へのプライバシー監視や、悪意ある利用が「実感」できないからだ。

だがこれも、便利なデジタル生活を送っていた人々が、フェイクニュースによって自身が影響を受けたと悟ったときから、状況は変化してきた。取り返しのつかない悲劇を防ぐため、プライバシーや個人データの保護に取り組んでいるのは、意思ある政府そして政策の仕事である。

データと情報

ＥＵ（欧州連合）が立法化したＧＤＰＲ（一般データ保護規則：General Data Protection Regulation）は、個人のプライバシーに基づく「データ保護」を世界に先がけて厳格化した規則である。欧州議会が以前に制定しＥＵ加盟各国で法制化が進んだＥＵデータ保護指令（Directive 95/46/EC）を置き換える統合的な規則で、従前と比べて厳しい罰則、対応する国内法を採決する必要がなく、ＥＵ／ＥＥＡ域外へのビジネス上の影響も大きいなど、ＥＵのデジタル単一市場戦略の要となる法規制である。

「一般データ保護規則」は、日本で広く用いられている「個人情報保護」という概念とも温度差がある。つまり、データと情報は違うということだ。多くの人にとって、「データ」と「情報」はほぼ同じ意味として理解されているかもしれない。

しかし、データと情報には明確な違いがある。データは数字と事実の集合であり、「データ」のラテン語源「*dare*（ダーレ）」は、「何かが与えられ」「見るのに適している」という意味を含んでいる。データに構造が与えられ、一貫性のある形で編成、解釈または伝達されると、それが情報に昇華される。

GDPRは個人情報以前の個人の「データ」に立脚する。現代の個人データは、インターネット上を駆け巡るデジタル・データである。わたしたちのシンプルだった個人データは、わたしたちを広範囲に追跡し、わたしたち自身から外部化される。そうなると、そのデータは自分自身では制御できず、サイバー空間に漂流するアルゴリズム・アイデンティティに変貌しているのだ。

人生はアルゴリズムに支配されると指摘したのは、米ミシガン大学のジョン・チェニー＝リッポルドだ。彼は「われわれはとっくにデータとなっている[3]」と指摘し、アルゴリズムにさまざまな形で影響を受ける人間社会に警告を発した。

コンピュータにはデータが必要であり、人間には情報が必要となる。データはビルディング・ブロックとなり、情報は人間に意味と文脈を与える。本質的に、データは生データであり、整形、処理、解釈以前の状態である。それは人間が読むことができない0と1の

(3) ジョン・チェニー＝リッポルド、『WE ARE DATA アルゴリズムが「私」を決める』（日経BP社、2018年）

二進法で記述される。データが処理され情報に変換されると、人間が読むことができるようになる。文脈と構造が与えられ、意思決定に役立つのが情報である。

ＧＤＰＲはさらに「一般データ」（General Data）として、ＥＵ市民の個人データとプライバシー保護に必要な広義なデータ保護を対象とする。データから情報への変化は、いまや人間という前提を超えて、ＡＩ（人工知能）やロボットのためのデータ保護にも転移しはじめている。

デジタル世界を生きるわたしたちのプライバシーに何が起きているのか？

技術と規則が先行するなか、わたしたちは裸のままこのデジタル世界を生きるのか？

インターネットをその初期段階にリセットすることをめざすＧＤＰＲを軸に、いまのインターネットを再考する必要がある。

本書は、インターネットをデータ資本主義の跳梁の足場に変えてきたシリコンバレーのビッグテックに対抗し、世界に先がけて「プライバシーの死」と対峙する欧州連合とその市民の記録である。

contents

2 なぜプライバシーは「蒐集」されるのか？

3 ハイパー資本主義は宗教改革にはじまる

4 個人データの「コモンズ」は可能か？

4.5

〈わたし〉を離さないで――デジタルアイデンティティのありか

5

漂流するプライバシー――「わたし」は取り戻せるのか？

6

「新たな西部」VS 欧州委員会
――DECODE（分散型市民所有データ・エコシステム）の挑戦

7 データ・ウォーズ——自己主権の覚醒

8 AIはプライバシーの夢を見るか?

8.5

デジタル広告の箒《ほうき》と鉈《なた》——ポスト・フェイスブックの時代の行方

1 「プライバシーの死」とGDPR

2018年5月25日。EU／EEA全域で、そして世界に向けてGDPR（一般データ保護規則）が施行された。ここ数か月、にわかに世界はこの規則の本質に目覚め、対岸の火事から身近に迫る悪夢と感じる者や、千載一遇のチャンスと見るスタートアップも現れてきた。プライバシーとビッグデータとのトレードオフは、デジタル経済をどこに向かわせるのか？　まずはGDPRをめぐる基本命題を整理する。

GDPRの背景

２０１０年１月、マーク・ザッカーバーグは「プライバシーはもはや社会規範ではない」と述べ、その後大きな議論となる「プライバシーの死」を高らかに宣言した。プライバシーを公開し、あらゆるデータをシェアする世界こそ、真に人々の生活を豊かにし、透明な社会を実現するのか？　この疑問を抱えたまま、フェイスブック（Facebook）は現在、20億人を超えるユーザーに支持されている。

もちろんグーグルも「プライバシーの死」をいち早くめざしてきた同盟の一員である。21世紀に入り、シリコンバレーの「Google & Companies（グーグルとその仲間たち）」は、個人データを活用した広告錬金術で巨万の富を築いてきた。その間、ＡＩやロボティクス、ＩｏＴ、自動運転車に至るまで、ビッグデータの蒐集《しゅうしゅう》と解析を基盤とする新たなデジタル経済の全容も明らかになってきた。

「ビッグデータ」の解析によって生み出されるＡＩや新技術が世界を一変させようとしているなか、消費者のプライバシー問題はますます複雑化している。企業は消費者のウェブサイトやモバイルアプリの足跡をデータ化し、彼らが毎日どこに行き、いつ旅行したかを追跡する。個人データをほかのデータと組み合わせ、正確な人物像をつくり上げると、購入商品の予測やターゲティング広告の獲物捕獲率は精度を増す。さらに、消費者が個人情報として認識していないデータからも、消費者個人を特定できるのだ。

　ビッグデータの世界への貢献に比べれば、蒐集される「プライバシー」などはとるに足らないものなのか？　それとも「プライバシー」こそ、ビッグデータの金鉱なのか？　世界中のデジタル市民は「ただより怖いものはない」と知りつつ（あるいは知らない間に）も、実名を含む膨大な個人データをグーグル検索、グーグル・マップ、フェイスブックやモバイルアプリの中に投げ入れてきた。

　一方、５億人の市民を抱えるＥＵ（欧州連合）は、米ＩＴ巨人のデータ錬金術が、ＥＵ市民の基本的人権を脅かす狡猾な搾取であると主張し、すでにグーグル、フェイスブック、アップルなどを相手どり、莫大な制裁金訴訟を展開している。

　数年に及ぶ議論と調整を経て、ＥＵ議会は加盟28か国の承認を得た一般データ保護規則

（General Data Protection Regulation：ＧＤＰＲ）を２０１６年5月24日に発効した。巨額な制裁金と行政罰を伴う適用は、２０１８年5月25日に開始された。これが実質的な「施行日」となる。ＧＤＰＲは、対象とする「個人データ」を広範に定義しているため、米ＩＴ巨人はもとより、ＥＵ及びＥＥＡ（欧州経済領域）全体の国内プライバシー法を包含し、ヨーロッパ市民に関する個人情報を扱うすべての企業（ほかの大陸の企業を含む）に適用される。

ＧＤＰＲにおける個人データとは、名前、写真、メールアドレス、銀行の詳細、ＳＮＳの投稿やウェブサイトの更新情報、場所の詳細、医療情報、コンピュータのＩＰアドレス、生体遺伝子情報、思想信条、入れ墨に至るまで、個人に関する広範囲な情報である。ＥＵは、ＥＵ市民の個人情報の管理を厳格化し、個人データがヨーロッパ全域で安全であることを保障しなければならないのだ。

GDPRの影響は世界に及ぶ

2018年5月25日。ついにGDPRが本格施行された。世界がインターネットでつながっている現在、GDPRの影響は全世界に及ぶ。

当然、EU加盟28か国から遠く離れた日本でも、EUの個人データと関わる企業は山とある。かつてEUカルテル法により巨額の制裁金を支払った日本企業が思い起こされる。日本はEUからデータ保護に関する「十分性認定」を受けていないため、データ保護に関しては米国と同様、世界の無法地帯とみなされている。日本の改正個人情報保護法も、GDPRから見れば10年遅れの法律である。GDPR違反の制裁金は巨額だ。ひとつの会社で26億円規模の罰金、あるいは連結決算の4パーセントを課せられるケースも想定される。

グローバルな観光事業やEU市民を呼び込む宿泊サイト、オンラインショッピングやオンラインゲームにはEUの顧客やユーザーも多くいる。たとえ顧客の個人情報を直接処理することのないサービス主体でも、個人情報の処理を外部委託する「プロセッサ（処理者）」がいれば、「コントローラ（管理者）」としての責任を負う。このふたつのエンティティは、GDPR遵守の責任を回避することはできない。

現状、GDPR違反の罰則対象として浮上しているのは、フェイスブックやグーグルといった個人データによって莫大な利益をあげてきたIT巨人だけではない。彼らはすでにEU各国から巨額の制裁金訴訟を抱えており、その都度GDPRに対処するための投資をEU域内で実行し、GDPRへの対応を加速させている。アップルの「iPhone X」に搭載されたフェイスID（Face ID）(1)に関しても、早速「プライバシーの死」につながる技術として批判が起きている。また、強固な個人認証セキュリティは、一方では市民監視の世界規模のネットワーク技術にほかならないという指摘も見逃せない。

基本的な疑問に戻ろう。

なぜEUはこれほど厳格な法律をつくり、実際に施行したのか？

(1) アンディ・グリーンバーグ「パスワードは顔に書いてある？ iPhone Xの『顔認証』は、どこまで安全なのか」、『WIRED日本版』、2017年9月24日：https://wired.jp/2017/09/24/iphone-x-faceid-security/

シリコンバレーとEUとの戦争？

ＥＵ議会に所属するベルギー社会党のマーク・タラベラ議員は、ＧＤＰＲ違反の疑いがあるとして「ポケモンＧＯ（Pokémon GO）」の調査を正式に議会に要請した。グーグルのスピンアウトであるナイアンティック（Niantic）によって開発されたこのゲームアプリは、ユーザーのリアルタイムな位置情報を蒐集するだけではなく、ポケモンを捕獲できる特定の場所を任意に選定し、そこを訪れる人々を積極的に誘導できる。そのため、第三者との位置情報の共有（販売）とプライバシー侵害に関する懸念が指摘されてきた。

ゲーマーのデバイスにクッキーとトラッカーを保存し、ユーザーの明確な同意なしにそれらのデータを抽出して解析することが可能なら、このアプリは、ＥＵのｅプライバシー指令にも違反する可能性がある。これらの懸念は、とくに米国[2]とドイツ[3]で調査が開始されており、今後の動向が気になる。

(2) "Sen. Al Franken Probes Pokémon Go Maker Over Data Privacy Concerns," *Fortune*, July 12, 2016: http://fortune.com/2016/07/12/franken-probes-pokemon-go-data-privacy/

(3) DAVID MEYER, "Pokémon Go Maker Is Facing a Privacy Lawsuit Threat in Germany," *Fortune*, July 20, 2016: http://fortune.com/2016/07/20/pokemon-go-germany-privacy/

ポケモンGOのコントローラ（管理者）とプロセッサ（処理者）は実のところ誰なのか？ 莫大な利益の背後で、何が犠牲となり何が奪われたのか？ 何かが奪われたとすれば、それは犯罪的な搾取なのか？

プライバシーや個人データをめぐる経済倫理は、複雑化する相反関係の中で出口を見つけようともがいている。

GDPRの基本骨格

EU内の10人のうち9人は、モバイルアプリが同意なしに個人データを蒐集することに懸念を表明しており、10人のうち7人は、蒐集された情報を企業が利用する可能性について疑念を抱いている。米国や日本での個人情報やプライバシー保護の感覚とEUとではどれだけのギャップがあるかは、本稿の重要な観点でもあるが、GDPRの重要な規制には以下の4つがある。

1.「忘れられる権利」

個人がデータの処理を望まず、かつ個人データを企業が保持する正当な理由がない場合、検索エンジンなどの個人データは削除要求に応えなければならない。これは、個人のプライバシーを保護することであり、過去の出来事の消去や、報道の自由を制限することではない。

2.データへのアクセスの容易性

個人は、データの処理方法に関する情報をより多く有し、その情報は明確でわかりやすい方法で利用できるようになる。データの移植性の権利は、個人がサービスプロバイダ間で個人データを送信することを容易にする。

3.データがいつハッキングされたかを知る権利

企業や組織は、個人を危険にさらすデータ侵害を監督当局に速やかに通知し、ユーザーが適切な措置を講じることができるようにする。

4. デザインによるデータ保護のデフォルト

「デザインによるデータ保護」と「デフォルトによるデータ保護」とは、サービスの設計段階からプライバシーを保護する設計にすること（by design）や、初期設定の時点でプライバシー保護をデフォルト化すること（by default）を意味する。具体的には、個人データと接触するサービスを構想し実装する双方の段階において、適切な措置を実施しなければならない。初期設定では、特定の目的のために必要な個人データのみを取り扱い、必要な範囲を超えて蒐集・保有しないことが管理者に義務づけられており、現在、ＥＵの一般データ保護規則に不可欠な規定となっている。

これにより、データ保護の理念と手段が、製品とサービスのデザイン開発の初期段階に組み込まれ、プライバシーに配慮したソーシャルネットワークやモバイルアプリがデフォルト設定の標準になる。近い将来、ＥＵ版フェイスブックなど、ＧＤＰＲ準拠のＳＮＳの登場が予想されている。

技術的全体主義への対抗

GDPRは、EU市民の個人情報をEU／EEA域外に転送することを原則禁止する。重要なのはデータ・ポータビリティの権利で、個人が事業者等に提供した個人データは本人が使いやすい電子的形式によって取り戻すことができ、ほかの事業者、プラットフォームに移して乗り換えることを事業者の妨害なしで可能にする権利だ。

これによってシリコンバレーに集積されている天文学的な個人情報が、将来、個人主導によって大移動することが予想される。それは個人データの管理がプラットフォームから個人に移行することを意味している。これがパーソナル・データ・エクスチェンジ（PDE）という動向であり、個人が個人データを所有し、プライバシーを管理し、オプションで個人データの一部または全部を収益化することを可能にするテクノロジープラットフォームである（これについてはこの後の章でも詳述する）。データ全体主義からデータ個体主義への転換がはじまろうとしている。

元欧州議会議長で２０１７年９月24日のドイツ首相選挙でアンゲラ・メルケルに敗れたマルティン・シュルツは、２０１６年１月28日、ブリュッセルで開かれたＣＰＤＰ（Computers, Privacy & Data Protection）総会で、「技術的全体主義、政治と民主主義」と題した基調講演(4)を行い、次のように述べている。

「もし個人情報が21世紀の最も重要なコモディティであるなら、個々人のデータに対する所有権の権利が強化されるべきです。とくにこれまで何も支払わないでこの商品を手に入れている狡猾な人たちに反対することです。フェイスブック、グーグル、アリババ、アマゾン――。これらの企業が新しい世界秩序を具現化していくなど、それは許されるべきではありません。彼らはそのような権限を持っていません。民主的に選出された民主的代表のルールが合意され、法律を遵守することは適切な任務でありつづけなければならないのです。規制当局がとった決定に同意しない者は、市民社会の努力と政治的手段によってそれらを覆すことを求めることができます。このプロセスを民主主義と呼んでいるのです」

(4) Martin Schulz, "Keynote speech at #CPDP 2016 on Technological, Totalitarianism, Politics and Democracy," (January 28, 2016) : http://www.europarl.europa.eu/former_ep_presidents/president-schulz- 2014-2016/en/press-room/keynote_speech_at_cpdp2016_on_technological_totalitarianism_politics_and_democracy.html

GDPRはドイツをデジタル途上国にする？

連邦議会選挙に、シュルツがSPD（ドイツ社会民主党）党首として立候補を決めた直後、メルケル首相はシュルツがEU議会長のときに発効したGDPRについて、「行きすぎたデータ保護への危機感」をはじめて表明した。2017年1月9日、ドイツ公務員連盟（DBB）の年次総会で、メルケル首相は「行きすぎたデータ保護により、ドイツはデジタル分野の途上国になる恐れがある」との懸念を表明した。(5) これまでの「保存できるのは必要最低限のデータのみ」という原則を見直し、ビッグデータの活用に道を開く必要があると強調した。

ドイツでも2018年5月までに、GDPR、すなわち「新たなEUデータ保護指令」を国内法化することになるが、これに伴い既存の連邦データ保護法（BDSG）が無効になる。同指令の国内法化をめぐっては、すでに連邦内務省が2016年8月に全79ページ

(5) "Merkel: Deutschland droht, digitales Entwicklungsland zu warden," *Süddeutsche Zeitung* (January 9, 2017) : http://www.sueddeutsche.de/politik/digitalisierung-merkel-deutschland-droht-digitales-entwicklungsland-zu-werden-1.3326389

にわたる法案を提出。これに対し、連邦司法・消費者保護省が全40ページの所見のなかで「重大な法的欠陥がある」と批判するなど、閣内でも混迷が露わとなっている。

EUの主導的立場にあるドイツ首相が、GDPRを懸念し、シュルツとの対決姿勢を露わにした。9月24日に行われた連邦議会選挙は、ドイツの政治情勢を塗り替える結果だった。第一党はCDUであったが、得票率は1949年以来の最低だった。さらにこれまで連立のパートナーだったSPDは、さらに惨敗を喫した。企業寄りでデジタル政策を唯一掲げた自由民主党（FDP）が躍進し、反イスラム、反難民受け入れを主張したドイツのための選択肢（AfD）も議席を得る躍進を遂げた。

EUの中軸といえるドイツの政治的混迷が、すでに発効され施行されたGDPRにどのように影響するのか？　極右勢力が国内主義を掲げ、難民流入に壁の設置も辞さないとするのは米トランプ政権のミームなのか？

東西ベルリンを分断したイデオロギーの「壁」は、サイバー空間の「デジタル壁」（GDPR）に変化した。この壁が防御するのはデータなのか、プライバシーなのか？　国家や地域が互いに対立し、小さな島に分裂、バルカン化する世界の中で、データの自由な移動は現代の移民難民問題とも重なっている。

「秘密は嘘でプライバシーは窃盗」なのか?

ＥＵが個人データ保護の基準を強化することを、オープンアクセス時代に逆行する過剰規制の「悪法」のように捉える向きもある。グーグルの副社長兼インターネット担当エバンジェリストであるヴィント・サーフは、プライバシーを歴史的には「極めて異常なもの」と述べ(6)、プライバシーは近代以前には存在しておらず、それは都市革命の副産物であり、事故であったと指摘した。

先日、エマ・ワトソンとトム・ハンクス主演の映画『ザ・サークル』を観た。この映画で描かれたプライバシーディストピアは、「秘密は嘘。シェアは思いやり。プライバシーは窃盗」(ジョージ・オーウェルの小説『１９８４年』に登場する独裁制集産主義のモットーである「戦争は平和である。自由は服従である。無知は力である」とつながる)というメタファーがテーマである。つまり、個人データやプライバシー保護というＥＵの人権憲章の前提

(6) Gregory Ferenstein, "Google's Cerf Says 'Privacy May Be An Anomaly'. Historically, He's Right," *TechCrunch* (November 20, 2013): https://techcrunch.com/ 2013/11/20/googles-cerf-says-privacy-may-be-an-anomaly-historically-hes-right/

を揺るがす、他方の「文化的、技術的勢力」を暗示的に描いている。個人のプライバシーやデータを積極的に公開、共有し、透明性を極限まで推し進めていこうとする規制の反対派や反プライバシー文化の台頭である。

米連邦議会上院は、2017年の3月下旬、ISP（インターネット・サービス事業者）による個人データの取り扱いを規制するプライバシー保護規則の撤廃を決議し、トランプ大統領がこれに署名した。オバマ政権下の米国連邦通信委員会（FCC）が昨年導入したこのプライバシー保護規則は、ISPが個人データを利用したり共有したりする前に、ユーザーから明示的同意（オプトイン）を得ることを義務づけていた。ISPの閲覧履歴を許可なく広告業界に売ることを禁止していた規則が難なく撤廃された。

いずれにしても、グーグルやフェイスブックなどのシリコンバレー企業は、好きなようにユーザーのデータを使っているので、ISPからすれば今回の決議は「公平」な判断だということになる。このような状況下、EUと米国との間にある文化的断絶は甚大で、その溝の大きさはそのまま政治や経済の分断にもつながりかねない。

顧客生涯価値（Customer Lifetime Value）は、いまや顧客の個人データが企業にとってどれほど価値があるかを示すための用語となった。いい換えれば、人々の生活や行動データが商業価値に転化されることは社会的価値につながる。現代の「ハイパー資本主義」は、人間そのものを商業的関係のネットワークに還元する。商業的有用性を免れたわたしたちの個人生活はどこにあるのか？　それが現代のプライバシーをめぐる課題である。

個人データのデジタル化は、人間生活の商業的利用を容易にし、拡張し、加速する。それは、わたしたちがデータ商品となり、現代の経済活動に不可欠な資源であることを示している。今日、これを新たな「搾取」と呼ぶなら、それに抵抗するための新しい生活様式を開発する必要がある。

個人データは21世紀の天然資源なのか？

いずれにせよ、個人データはデジタル経済の促進に不可欠な通貨となった。データは21世紀の石油であり天然資源であるという前提に立つかは別として、GDPRの登場は、EUのみならず、シリコンバレーのスタートアップにとっても、極めて大きなインパクトがある「データ開拓法」の意味を持つ。データが石油であるなら、資源が埋まる地下に掘削機を投入し、採掘から精製を行い、多彩な加工を施し製品として流通できるかが鍵となる。すでにビッグデータ製品は、ほぼ石油精製と製品化の過程を通過し、実際に市場に流通している。EUにとっても、GDPRはビッグデータや個人情報解析、IoTやAI、自動運転車などの次世代産業基盤への足かせや重荷ではないはずだ。

世界の人々がますますプライバシー保護について考え、個人データによって生み出される錬金術を懸念する。だからこそ、プライバシーフレンドリーなサービスを提供する企業こそ、消費者にとって魅力的で、より高い競争力を有する。EUには世界で最も厳格なデータ保護規則がある。それが信頼の地を生成するかどうかを、今後世界は注視していくことになる。

GDPRの背景とは何なのか?

ベルリンはなぜGDPRを生み落としたのか?

グーグルやフェイスブックは、個人データをいかにマネタイズしたのか?

プライバシーはいかに生まれ、保護すべき対象となったのか?

GDPRは企業主導の個人データ蒐集から、顧客主導のデータ経済や個人データ交換(P

ＤＥ）をいかに支援するのか？

ＧＤＰＲはいかなる具体的な技術によってシリコンバレーと対峙するのか？

当然、日本企業はいかに対処すべきか？

そして、ＧＤＰＲによって招来する個人データ革命の本質とは何か？

本書は、上記の観点と向かいあいながら、２０１８年5月のＧＤＰＲ施行に至るまでのＥＵと世界との個人データ経済をめぐる攻防、そして施行後のデジタル経済圏の変化に至るまでを、ＧＤＰＲ発火点であるベルリンから考察していくものである。

2 なぜプライバシーは「蒐集」されるのか？

グローバル資本主義が地球上のあらゆる場所から富を蒐集する帝国なら、個人データを世界から蒐集する帝国が莫大な富を生み出している。個人データの海賊的な蒐集によって築かれた帝国は、ＡＩ（人工知能）からＩｏＴ（モノのインターネット）を先導するデータ資本主義の全体を掌握しつつある。

データが生み出す富

すべての人間は、すべての人々の内部と全面的な関係を持つようになった。プライバシーはなく、プライベートな部分もない。われわれが互いを摂取し、消化していく世界では、猥褻《わいせつ》なポルノや良識すらも存在しないことになる。このように、グローバルな包囲膜を形成するために神経をのばすのが電気メディアの法則なのである。(1)

2003年にはじまったグーグル・ブックス(Google Books)は、世界の貴重図書1200万冊をフルスキャンした。当初このプロジェクトは、世界の著名な図書館の電子図書館化をグーグルがサポートする社会貢献と思われた。

しかし実のところ、電子化された膨大な著作物は、グーグルが開発した高精細スキャナーで読み取られ、グーグル(現在の「アルファベット」)の生命線を担うAI開発の「知性の源泉」に利用された。

(1) Marshall McLuhan, *Notes on Burroughs.The Nation*, pages 517-519, December. 28, 1964.

図書のデジタル化とネットワーク上での閲覧としか知らされていなかった世界の図書館は、まさか提供した図書がAIの開発に利用されていたとは考えもせず、そのことに驚いた。欧米の図書館同盟はグーグルとの法廷闘争に踏み切った。

グーグル・ブックスのこの一件は、欧州のアカデミアを激怒させた。一私企業が莫大な個人データのみならず、人類の叡智を占有しはじめたことにEU（欧州連合）は事の重大さを自覚する。

2013年6月、米国家安全保障局（NSA）が極秘に世界中の個人情報を蒐集していたことを米中央情報局（CIA）元職員のエドワード・スノーデンが告発した、いわゆる「スノーデン事件」は、EU一般データ保護規則（GDPR）を生み出す重要な端緒となった。

フェイスブックやグーグルと取引し、気軽に打ち明けてきたものは、あなたの友だち（知り合い）は誰か、あなたの趣味は何か、あなたの年齢、出身校、あなたの住んでいる場所、あなたに関係する多くの事象である。さらに、彼らはあなたの好き嫌いや信条、興味の対象、あなたが好きな映画や曲を知っている。これを可能としているのは、あなたの投稿やリンク共有のアップデート、そしてあなたがクリックする「いいね」ボタンの効力だ。

最大の疑問は、フェイスブックやグーグルがあなたについて知っていることを悪用しているか否かである。

個人データのマネタイズ

彼らのビジネスモデル全体は、個人データの効果的な使用に基づいている。そこには明白な取引がある。あなたが同意（オプトイン）している契約には、彼らはあなたに便利で無料のソーシャルメディアプラットフォームを提供する代わりに、あなたについて学び、あなたという人物を特定し、そのデータを広告主に利用することが含まれている。

ただし、彼らの契約条件をすべて読んで同意している人はどれだけいるのか？グーグル検索やグーグル・マップ、ジーメール（Gmail）、グーグル翻訳、そしてフェイスブック（Facebook）やインスタグラム（Instagram）に浸っているスマホユーザーが、この取引をどこまで明確に認識しているのかは定かではない。

スマホの契約から日々使っているアプリの契約まで入れると、何万ページに及ぶ契約条件をすべて熟知しているユーザーがいるとは思えない。無料で便利なネットサービスからの恩恵以上に、あなたは無料で彼らの「商品」として働き、莫大な企業利益に貢献している。インターネットが長らく「無料」というマジックに牽引されてきたのには理由がある。

現在、グーグルとフェイスブックだけで米国のデジタル広告収益のほぼすべてを占めている。それは、市場価値4730億ドル（約53兆7000億円）に及ぶグローバルなデジタル広告費を複占する巨大な力だ。

しかし、ロシアが購入した3000件を超える選挙干渉広告(2)の存在が明らかになると、アルゴリズムを操るフェイスブックの道義的な「責任」が問われている。これは現在進行中の事案である。

EUのGDPRは、個人データを「特定または識別可能な自然人（データ対象）に関するすべての情報」と定義している。識別可能とは、とくに、名前、社会的識別番号、位置データ、オンライン識別子を参照することによって、直接的または間接的に識別されるもので、生理学的、遺伝的、精神的、経済的、文化的または社会的アイデンティティに特有のひとつ以上の要因に関連しているデータに依存する。

今日、フェイスブック、グーグル、アマゾンなどに代表される米IT巨人は、個人デー

(2) Josh Constine, "Facebook will share Russian-bought election interference ads with Congress tomorrow," *TechCrunch*, October 2, 2017: https://techcrunch.com/2017/10/01/facebook-russian-ads/

タを蒐集、保存、分析する大規模な能力を持つ。これにより、彼らは精度の高いターゲットト広告を売ることができる。たとえば、東京の港区に住み、独身男性で映画とサッカーに興味があり、ピザが好きだという情報自体、多大な富を生み出す「金鉱」である。この種の知識の獲得は、かつては市場の夢物語だった。

彼らはあなたが共有したデータとあなたが投稿した更新日を分析し、「マイニング」以上の追跡を行う。

ユーザーがアカウントを作成すると、フェイスブックはウェブブラウザに「トラッキングクッキー」を挿入し、あなたが訪れる各ウェブサイトを追跡できるようになる。これは、あなたのフェイスブックでの活動とは関係なく、あなたがウェブをブラウズするだけで、あなたが訪れるサイトをフェイスブックが知っていることを意味する。

追跡されるプライバシー

フェイスブックの「いいね」ボタンをクリックすると、友人と共有されるだけでなく、あなたの興味に関するデータは彼らのサーバーに返され、広告パートナーに転用される。さらに、一部のアプリをフェイスブック経由で使用すると、アプリをつくった会社にあなたの個人情報（あなたがフェイスブックのプライバシー設定で具体的に指示した細部）へのアクセス権が与えられたという報告[3]もある。

フェイスブックが画像処理と「顔認識[4]」機能に投資している理由はこうだ。あなたがフェイスブックから退会しない限り、彼らはあなたを何年でも、どこまでも追跡する。そのことであなたが「腑に落ちる」広告を生涯にわたって提示できるからだ。

共有した写真からあなたとあなたの友人がどのように「見えるか」をフェイスブックのアルゴリズムは知っている。これで、インターネットと他のすべてのフェイスブックのプ

(3) "Facebook Is Spying on You," *The Montserrat Reporter*, March 8, 2013: http://www.themontserratreporter.com/facebook-is-spying-on-you/

(4) Sarah Jacobsson Purewal, "Why Facebook's Facial Recognition is Creepy," *PCWorld*, June 8, 2011: https://www.pcworld.com/article/229742/Why_Facebooks_Facial_Recognition_is_Creepy.html

ロフィールを検索して、あなたとあなたの友人の写真を検索できる。

フェイスブックが、あなたの体形の変化を追跡するアルゴリズムをどのように使うかを想像してみよう。彼らはあなたが最近バカンスに行ったときのビーチショットを分析し、それを過去の写真と比較する。これによって、あなたがどの程度体重が増減したかを検出することができる。それはあなたのフェイスブックページに確実な広告を導入する重要なトリガーとなる。あなたの体重が増えていたら、あなたが住む地域のスイミングクラブやフィットネスクラブに、そしてダイエットサプリ会社にあなたの情報を提供するのだ。

あなたはフェイスブックやグーグルから得られる恩恵を、ターゲット広告を含めて有益なことと感じているかもしれない。長い間、音信不通だった友人を見つけることができ、誕生日にはメッセージを交換できる。あなたに関連する製品やサービスを常に推奨してくれることを、何より快適なネット生活として受け入れているかもしれない。そうした利便性より、「ビッグ・ブラザー」の監視社会」と感じる人は実のところどれだけいるのか？

しかし、GDPR成立の背景となったEU市民の意識調査では、米国や日本の市民意識とは異なる危機感が横たわっていた。EU市民の大多数は、自分のプライバシーへの侵入を実感し、自身の個人データが販売され、悪用されている可能性を懸念する。一部のIT

巨人たちが、インターネットとそのユーザーの支配をますます推し進めていけば、彼らはより強固な権力を確立するのではないか？

これには、ＥＵがＧＤＰＲの施行によって問いかけているものをより明確にしなければならない。

プライバシーという「秘密」

プライバシーに関して、それが何であるか、われわれはなぜそれを必要としているかをこれまで真剣に考えたことはあっただろうか？

そもそも近代に生まれたプライバシーの概念は過去にはほとんど存在しておらず、ローマ時代から大浴場での混浴は普通のことだったし、狭い部屋に家族皆で暮らしていた人々にとって、隠し事は稀であり、両親の性行為すら秘匿の対象ではなかった。家族や友人たちの存在を気にせずに愛し合い、初夜を迎える新婚夫婦を両親や友人たちが見守る文化さえあった。

個人生活やプライバシーという「秘匿」の意識が重視されたのは、わずか130年前の出来事である。これは、プライバシーの死を宣言する人々が持ち出す歴史的な「事実」(5)である。

近代社会が生んだ急速な都市化が人々のプライバシーを強固なものとし、個室と電気を与えられた近代生活からプライバシーは人々の人権として広まった。だとすると、それは過去の歴史からすれば、都市化が生んだ副産物で、「事故」のような出来事だったのか？　ならば著作権も電気メディアの生んだ副産物で、まさにプライバシーの派生物ではないか？　日本では、明治に至るまでプライバシーや著作権という概念すらなかった。

いまや究極のプライバシーに属する個人の医療情報や遺伝子情報の公開とその経済化は喫緊の課題である。遺伝子情報の提供こそは、早死にを防ぎ、将来の高額医療費を回避するための最重要なアクションだと遺伝子データ企業はわたしたちに迫る。

プライバシーなどとるに足らないもので、早期に放棄すべきなのか？

それとも守りつづける価値があるのか？

(5) Greg Ferenstein, "The Birth And Death Of Privacy: 3,000 Years of History Told Through 46 Images," *Medium*, November 24, 2015: https://medium.com/the-ferenstein-wire/the-birth-and-death-of-privacy-3-000-years-of-history-in-50-images-614c26059e

脱真実と秘密

ＥＵ（欧州連合）では、プライバシーとデータ保護は法律によって認められた別個の権利である。プライバシーとは、私生活上の事柄をみだりに公開されない法的な保障と権利であり、データ保護の文脈では、事業者などが管理している自己の情報について訂正・削除を求めることができる権利（積極的プライバシー権）や、自身の情報を制御できる権利を指す。

データ保護とプライバシーが別個の権利であれば、なおさらプライバシーとは何かが留意される。

個人データがデジタル経済の原資となり、プライバシーという名の私有権が瀕死の運命なら、それは旧東ドイツ市民が経験したあのシュタージ（旧東ドイツの国家保安省：Stasi）によるプライバシー監視社会とどう違うのか？　映画『善き人のためのソナタ』を観て、当時のシュタージと市民との緊張を自身に投影することも、冷戦時代の不幸な出来事として語られるだけなのか？　わたしたちが「プライバシー」の話題に近づくとき、コインの裏側には常に「秘密（secrecy）」がある。

プライバシーを勝手に蒐集されることを望まず、自身の「資産」を管理する意思を持つ人は、積極的に個人データやプライバシーを企業に提供することで対価を得る。すなわち自らの個人データで収益を生む動きも加速する（これについては後に詳述する）。

同時に、個人の秘密保持がより強固なものとなり、プライバシーの偽装や偽情報という新規の「秘密」が急増する可能性もある。個人データ解析のアルゴリズムが、人々のプライバシーの意図的な偽装やフェイクニュースを見破るのは、時間の問題かもしれない。

しかし、長らくアトムからビットへと促され、「デジタルである（being digital）[6]」という、あまりにも楽観的な原理がＩＴ社会を主導してきたことを内省する時代が到来している。それは、現実のデータ経済の加速が、脱真実の社会と直面するわたしたちの運命を左右するからだ。

(6) 以下も参照のこと。Nicholas Negroponte, *"Being Digital,"* Knopf, 1995

「人間である」ことと社会的冷却化

デジタル社会は「デジタルである」ことの有用性を隠れ蓑に、世界中の個人データやプライバシーを容易に蒐集してきた。それは人々の無関心を利用した搾取なのか?

これまでそれを受け入れてきたわたしたちが、個人データやプライバシーの保護をあえて主張するのであれば、意図的に「人間である（being human）」ことを貫く以外にない。「デジタルである」ことがわたしたちの運命だとすれば、いまや完璧なデジタル機器と一体となった世界で「人間である」こととは何を意味するのか?「人間である」ことが、人々のプライバシー社会の文化様式になる可能性もある。

個人データが現代の天然資源、とりわけ原油に匹敵する資源だとしても、個人データは地球温暖化には加担しない。プライバシーを放棄した人々は、社会的監視を逃れる「秘密」の保持を重視する可能性が高い。これにより、多数の人々との社会的な交流までもが冷え

(7) https://www.socialcooling.com/

込んでしまうことが危惧される。かつて旧東ドイツ市民が経験した暗い監視社会と同じく、社会交流は急速に冷却化するかもしれない。これがプライバシーデザイナーのティジュン・シェフが指摘する「社会的冷却化（social cooling）[7]」と呼ぶ現象だ。これが未来だとすれば、人々の社会関係の停滞が冷たい闇の中で続くことが予測される。

２０１６年１月、ＥＵの独立データ保護機関に倫理諮問グループ（ＥＡＧ）が立ち上げられた。そのコアメンバーにひとりの米国委員が指名された[8]。ジャロン・ラニアーである。彼はコンピュータ科学者、批評家、音楽家で、１９８０年代後半に世界ではじめてＶＲシステムを世に放ち、ＡＩのパイオニアのひとりであるマーヴィン・ミンスキーの弟子でもあった。

その後ラニアーは、ミンスキーのＡＩ構想に反対し、主著『人間はガジェットではない』などを通して、現代のデジタル社会を徹底的に批判する立場をとるようになった[9]。彼はこの10年以上にわたり、デジタル社会が消失させてきた「人間」を復権させなければならないと主張してきた。

ＥＵ委員会がラニアーを招聘《しょうへい》したのには理由がある。彼はＧＤＰＲがめざす個人データの奪還と新たな市民主導のデータ経済の重要な擁護者だからである。

(8) "Ethics in the Digital Era - Interview with Jaron Lanier," EUROPEAN DATA PROTECTION SUPERVISOR, February 3, 2017: https://edps.europa.eu/press-publications/press-news/videos/ethics-digital-era-interview-jaron-lanier_en

(9) John Naughton, "Jaron Lanier: the digital pioneer who became a web rebel-interview," *The Guardian*, March 17, 2013: https://www.theguardian.com/tech nology/2013/mar/17/jaron-lanier-digital-pioneer-rebel

秘密の創造――米大統領選を左右した「秘密」

「秘密」がデジタル社会から消えはじめていくときに起こることとは何か？

２０１６年の米大統領選挙は「秘密」（ヒラリーの電子メール問題）が鍵を握っていた。ドナルド・トランプは２０１６年11月９日午前２時（米東部時間）に大方の予想を覆し、圧倒的な獲得選挙人数で第45代大統領を勝ち取った。ブレグジット（Brexit）の「悪夢」に続き、トランプ大統領誕生は世界に衝撃をもたらした。

実はこの結果を当然のように予測していたのが、インドのＡＩだった。２０１６年10月下旬、大統領選の直前になって、このＡＩは次の米大統領はドナルド・トランプであると指名した。[10] これと呼応するかのように、ＣＮＮは投票日前日になって、ヒラリー・クリントンの圧倒的優位の世論調査結果を内省し、「われわれＴＶメディアに誤りはなかったか？この調査自体が間違っていたら？」と自問した。

(10) Arjun Kharpal, "Trump will win the election and is more popular than Obama in 2008, AI system finds," *CNBC*, October 28, 2016: https://www.cnbc.com/2016/10/28/donald-trump-will-win-the-election-and-is-more-popular-than-obama-in-2008-ai-system-finds.html

しかし時はすでに遅く、その24時間後には世界の主要メディアの予測はことごとく崩壊した。

有権者の投票行動を分析した数多くの調査によって、米有権者が投票日まで自分の投票先を意図的に「秘匿」していたことが判明した。大多数の「隠れトランプ支持者」の存在が推量された。世論調査ではヒラリー支持を匂わせ、実際はトランプに投票した人々である。

ＭｏｇＩＡと呼ばれるインドのＡＩシステムは、これまで過去３回の米国大統領選挙を正しく予測していた。ＭｏｇＩＡは、データ予測のためにグーグル、フェイスブック、ツイッター、ユーチューブから約２０００万のデータポイントを解析、とりわけ２００８年のバラク・オバマのソーシャルメディアエンゲージメント数をトランプが25パーセント追い越していると明らかにした。

インド・ムンバイを拠点とし、このMogIAを開発したサンジヴ・ライは、次のように述べていた。「もしトランプが負けることになったなら、過去12年間のインターネットエンゲージメントのデータトレンドと逆行する結果となる」と。

もうひとつ、ライは現状のソーシャルメディア投稿の大規模なデータ量分析にはさまざまなハードルがあることにも留意していた。トランプへのツイートは、必ずしも彼の支援を意味していない。もちろん、ヒラリーのそれも同じだ。MogIAは2004年に作成され、着実な進化を遂げ、民主党と共和党の予備選挙の結果までを正しく予測した。

「予備選挙では、トランプに関して起こる膨大な量の否定的な発言がありました。しかし、これらの会話が進捗していくと、最後の日には、トランプのために開かれた巨大なゲームを意味していました。そして、彼は有利な利鞘《りざや》で予備選挙に勝ったのです」と、ライは指摘した。結果は、大方のヒラリー優勢を覆し、AIの予測どおりとなった。ヒラリーが最後のTV（グローバル）的候補者だとすれば、トランプは急進的なDigital（離散）候補者だった。

リアリティTVが創り上げたトランプ像は、ユダヤ神話のゴーレムのように自らの創造主を破壊することで、大きなチカラを発揮した。彼はTVというメディアを破壊する最初の偶像として、その主戦場をソーシャルメディアに乗り換えた。そうすることで、有権者の「秘密」の行動、すなわち有権者の「離散的（digital）」な投票行動を活気づけたのだ。

聞き耳を立てるTV

会話型経済[11]が注目されはじめた2015年、サムスンから販売されたスマートTVが、TVの前の視聴者の日常会話を蒐集していたことが判明した。[12] 2016年、一部の抗議に対処したサムスンは、視聴者の会話データの販売先（データブローカー）を公表し、TV

(11) Ben Basche, "The Conversational Economy," *Medium*, June 6, 2017: https://medium.com/the-layer/the-conversational-economy-part-i-the-dawn-of-the-conversational-era-5682a26b365

(12) Graham Cluley, "Stop talking in front of Samsung TVs... if you value your privacy," *WeLiveSecurity*, February 9, 2015: https://www.welivesecurity.com/2015/02/09/samsung-tv-privacy/

の前で「大事な話」はしないようにと購入者に通知した。

この「盗聴」事件ですら、人々の大規模な抗議には至らなかった。もはや人々は自身のプライバシーにさえ鈍感となっているのか？　ＴＶの前での会話に、どれだけのデータ価値があるのかを知らされず、視聴者自身が敏感に反応しないとなれば、ＩｏＴによって人々の個人生活に侵入し、消費者のリアルタイムデータを企業が難なく入手する計画は準備万端ということになる。

２０１６年、世界中で販売されている膨大なｉＰｈｏｎｅの個人データの開示をめぐって、米国政府はアップルとの対立を深めた。スマホはヒトの「情報臓器」なので、秘密も膨大だ。米国の諜報機関がアップルの保有する個人データを安全保障上の理由から欲しがるのは、そのデータによってほぼ完璧な監視体制が実現できるからだ。

しかし、これらは「秘密」の表面的な事象に過ぎない。考慮すべきより重要な変化は、蒐集され自走する「秘密」が、制御不可能なデータ社会を創出しつつあるということだ。

少しの秘密もなくなるときに起こることは何か？　それは遺伝子情報の解読、生命の「隠れたコード」をさがす試みとして、生命の制御を「神」に代わって実行することだ。「完全な世界」を創るファンタジーと悪魔のような核心で、「ファウスト的契約」は正当化されつつある。いまや個人の遺伝子情報が売買される時代だ。それは、巨大な生命データ市場の幕開けである。

探す秘密すらなくなるときに起こることは？

米大統領選と直面した有権者は、自らの投票行動それ自体を「秘密」にすること（秘密の生成と保持）で、旧来のTVや新聞といった主流メディアを翻弄した。主流メディアは投票者の「秘密」に無知だった。プライバシーが死んだとしても、人々は「秘密」を求め、新たな秘密の保持に躍起となる。プライバシーと秘密はやがて一体となる。

19世紀後半、電気と電球が日々の生活インフラとして浸透すると、それまでの産業社会は激変し、人間の社会生活にも大きな変化をもたらした。電気が都市の神経網のように行き届いた世界では、夜の街の暗闇に光が灯り、街は夜でも移動できる空間となった。個人の机の上に、そして書物を照らす電灯によって、心の中の明暗が対称化された。このときから、「個人主義」や「プライバシー」が「秘密」とともに急速に人々の内部でうごめくことになる。

闇や地下にあった秘密は、やがて金庫（トレゾア）や個人の内部に格納され、いまではインターネットというサイバー空間にも移行した。

かつてプライバシーの発火点となった電気の生産を担い、その役割を終えた古い発電所の内部に、ベルリンを代表するクラブが内蔵された。クラブは人々の秘密を保持し、秘密の価値を確認する場所である。プライバシーや秘密が、いま死を迎えようとしているなら、人々は人間に内在する「野生の秘密」を再創造する。

ベルリンのクラブはこの20年、この「人間である」ために必須な、野生の秘密を更新する場所となってきた。これがベルリンのクラブが保持する「秘密」である。そもそも、個人のプライバシーはなぜ守られるべきなのか？　ベルリンという都市の意味がようやく立ち現れる。

イデオロギーの壁とデジタル壁

1945年2月、ヤルタ会議での合意に沿って、ソ連はドイツ分割ゾーンを占領し、西ベルリンはソビエト支配下の領土によって完全に囲まれたままになった。周囲を東ドイツに囲まれた孤立した「島」が生まれた。それが西ベルリンだった。

旧東ドイツ政府が政治的な圧迫を続けるにつれて、西側への難民の流れが相次いだ。徹底した市民監視で悪名高い「国家保安省（シュタージ）」は1950年に設立され、体制の「敵」と判断された市民は秘密のシュタージ刑務所に投獄された。冷戦の最も大きなシンボルとなったベルリンの壁の建設は、1961年8月13日に突如開始された。東ドイツが東西ベルリン間の通行をすべて遮断し、西ベルリンの周囲を有刺鉄線で隔離し、後にコンクリートの壁をつくった。

東西ドイツの国境が露わとなり、ベルリン市民は「鉄のカーテン」で隔離された。壁の総延長は155キロメートルになった。その後、ベルリンの壁は無数の脱出の試みの舞台となった。1989年11月9日に壁が崩壊するまでに、脱出を試みた約200人が殺されていた。

壁の時代が28年間続き、壁崩壊後29年が経とうとしている。GDPRの起草やEU議会での議論に多くにベルリナーが参画していたことは偶然ではない。とりわけ旧東ベルリン出身の議員は、かつてシュタージの日常的監視を記憶していた。彼らは、個人データやプライバシーがインターネットを介して蒐集される社会を「シュタージ2・0」として認識し、その恐怖を実体験として語ることのできる人々だ。

いま、サイバー空間に個人データとプライバシーを保護する「デジタル壁」(GDPR)が建てられた。

この「デジタル壁」は、かつて冷戦時代、東西ベルリンを隔てた「イデオロギーの壁」とも、トランプがメキシコ国境沿いに建設しようとしている移民流入阻止の壁とも違う。中世末期のベルリンの都市壁のように、市民を外敵から守る壁である。

しかし、かつての東西ベルリンの壁も、一方の東ベルリン政府からすれば、西側世界から東ベルリン市民を守る壁だった。GDPRは、コンクリートと鉄柱に代わり、世界最大の立法権限からサイバー空間の壁として設置された。

この新たなデジタル壁は何のために建てられたのか？　シリコンバレーのデータ帝国の支配から、個人主導のデータ経済への転換はいかにして実現するのか？

その見取り図がそろそろ見えてくる。

3 ハイパー資本主義は宗教改革にはじまる

ルターの宗教改革から500年経った2017年、EU（欧州連合）のGDPR（一般データ保護規則）と連動するかのように、「デジタル社会改革」への動きが加速している。フェイクニュースや政治勢力の情報操作の道具となってきたソーシャルネットワークへの懸念は、世界の主要メディアの中心的論題となっている。ソーシャルネットワークのプラットフォーム独占に何が起きているのか？

デジタル技術への妄信

新しいパワーはこの世界で野放しの状態だ。それはどこともなく、至るところにある。それは、わたしたちの行動、考え、欲望、恐怖、秘密、友人、懐具合、夜間の睡眠時間さえ、何でも知っている。わたしたちは、他人にささやくことのない事柄でもそれに伝える。それはわたしたちの政治を形づくり、わたしたちの食欲を刺激し、わたしたちの舌を緩め、道徳的なパニックを高め、そしてわたしたちを楽しませる（すべては受動的に）。わたしたちは毎日150回以上それに従事する。接触のあらゆる瞬間に、わたしたちはその聖職者たちの計りがたい富を累増する。わたしたちはそれに魅了されており、それを礼拝する。(1)

「わたしたちはデジタル技術を崇拝するテクノポリー（technopoly＝技術への文化的降伏）教会のメンバーである」と語りかけるのは、マルティン・ルターによる宗教改革の原点となった「95か条の論題」(2)の現代版を提起している英国オープン大学教授のジョン・ノート

(1) ジョン・ノートン「挑戦する地上の力」
http://95theses.co.uk/?page_id=20

(2) http://95theses.co.uk/?page_id=21

ンだ。

彼は現代のデジタル技術への妄信とプラットフォーム独占を、ルター時代の宗教と教会になぞらえる。「わたしたちの大部分は、この新しいパワーへの服従に満足している」と、皮肉を込めて問いかけ、２０１７年10月31日、デジタル社会改革をめざす「技術に関する95の論題」を公開した。

アトムからビットへと飛躍したデジタル技術は、シンギュラリティを乗り越え、不老不死を実現し、ＡＩやロボットが広く浸透し、わたしたち自身もサイボーグとなる未来を描く。それは多少の不安はあるものの、魅力ある世界だ。

わたしたちは毎日、何の懸念もなしに、ソーシャルネットワークに時間を費やす。それは、わたしたちを未来へと誘い、つながりあう能力と洗練された情報を祝福する「教会」とさえなっている。

危険視された「原子論」

1517年10月31日、ドイツ・ザクセン＝アンハルト州の都市ヴィッテンベルクの教会の扉に、宗教改革の先導者となったマルティン・ルターが「95か条の論題」を掲示した。ルターは、免罪符を購入すれば救われるなど聖書には一言も書かれてはいないことを当時の人々に告示することで、教会の「堕落」を告発した。宗教改革の原点となったその日から500年経った2017年10月31日、ドイツ全土で「改革記念日」という祝日が設定された。

ルターの「95か条の論題」からさらに100年前の1417年、中央ドイツ・フルダのベネディクト会修道院で、ポッジョ・ブラッチョリーニというイタリア・フィレンツェの写本蒐集家が、7400行の長詩を収録した9世紀の写本を発見する。紀元前1世紀中頃にローマで構成されたこの叙事詩は、ルクレティウスの『物の本質について』だった。ルクレティウスは、ギリシア・ヘレニズム期の哲学者エピクロスの「原子論」を詩篇に翻案した人物である。

当のエピクロスは「世界は原子で構成されており、一神教が信仰する死後の天国も地獄も、天罰の恐怖などもない」と説き、何事にも煩わされない自由（アタラクシア）を「快」とし、唯一の神が人間に恐怖を与え人々を支配するという妄信を否定した。

このエピクロスの思想を翻案し、「組織化された宗教はすべて迷信的な妄想」であることを説いたルクレティウスの写本は、教会を破壊する危険書として1000年にわたって封印されていた。ブラッチョリーニによる写本の発見が、その後のルネサンス、つまり中世の神が支配する煉獄から「人間である」ことへの自由な革命（自由意思による逸脱）につながったとされる。

宗教改革からハイパー資本主義の暴走へ

ルターの宗教改革をめぐっては、さまざまな議論がなされてきた。その代表的な論点はマックス・ヴェーバーの『プロテスタンティズムの倫理と資本主義の精神』[3]やジョルジュ・バタイユの著作『呪われた部分 有用性の限界』[4]によって示された。

ルターの宗教改革は、人々を教会の権威からは解放したが、教会より専制的な権威である神に人々を服従させる結果になった。宗教改革は、信仰においては聖職者も一般信徒も同じであるという「万人祭司」と、宗教的権威と政治的権威を持つ者が同等な「神権政治」を確立した。

これを現代に置き換えれば、万人祭司は「誰もがクリエーター」で、神権政治は「プラットフォーム独占」かもしれない。ヴェーバーの指摘で重要なのは、ルターやジャン・カルヴァンの広めたプロテスタンティズムが、「浪費」を禁じ、「勤労（生産）」と「蓄積」を奨励したことだ。ルターとカルヴァンにとって、カトリック教会の権威より、すべての個人が神と聖書を通じて直接関わる、徹底した個人主義的信仰こそが「万人の神権」だった。

宗教改革が決定づけたのは、生産の成果として蓄積された富は浪費されることなく、その蓄積を未来へと「投資」されるものとしたことだった。

(3) マックス・ヴェーバー『プロテスタンティズムの倫理と資本主義の精神』（大塚久雄訳、岩波文庫、1989年）

(4) ジョルジュ・バタイユ『呪われた部分 有用性の限界』（中山元訳、ちくま学芸文庫、2003年）

ヴェーバーによれば、「世俗内禁欲」（プロテスタンティズムの倫理）に基づく、富の蓄積と投資が「資本主義の精神」を生んだ。

バタイユはさらに、ルターの宗教改革は経済活動の根本に作用し、宗教的祭儀を中心とした贈与経済の「蕩尽《とうじん》」を排除する社会を生み出したと指摘した。

贈与や蕩尽より、生産と蓄財を重視する社会が形づくられ、社会に累積したエネルギーの消尽行為そのものが、社会から忌避され、呪われていった。「余剰」の「蕩尽」を実施する宗教祭儀によって支えられていた共同体は、富の「蓄積」と「投資」をめざす個人主義と資本主義経済に邁進する。社会に累積した余剰エネルギーの消尽は、民衆のための大規模な祭典の開催や荘厳な教会建設ではなく、軍事技術の発散と消尽の場となる戦争を拡大させた。

現代であれば、金融工学に起因するバブル経済やサブプライムローンの破綻といった相次ぐ経済危機を繰り返すことが、「消尽」の新たな局面となった。もちろん、ソーシャルネットワークのプラットフォーム独占によって蓄積された世界の個人データが、ＡＩに「投資」され、富が富を生むハイパー資本主義が根こそぎ「消尽」するのは、ほかならないわたしたちの個人データである。

ナチス時代の神格にまで祭り上げられたルターをめぐる評価は、歴史の中で大きく揺れてきた。ルターの予見を遥かに超えて、その後の歴史が資本主義、ましてハイパー資本主義の暴走に至るなど、ルターは知る由もなかった。

プラットフォーム独占という悪夢

社会的イノベーションは「創造的破壊」を伴う。ソーシャルネットワークの創始者マーク・ザッカーバーグが取り組んだ数十社を超える競合他社の買収や、「速く動いて破壊する」全方位展開が、民主主義までを破壊するパワーを備えたていたことを本人が意図していたかは定かではない。

2012年4月、フェイスブックはベイエリアの従業員13名とともにインスタグラムを10億ドル（約1112億円）で買収した。同年、世界の写真業界を長らく牽引し、4万人を雇用していたコダックが倒産した。4万人が失職し、13人が超人になるデジタル経済に、何が起こっているのか？

グーグルの検索チームが、ユーザーの検索クエリを手助けする方法としてオートコンプリート(5)を追加したとき、そのアルゴリズムが「ホロコーストは存在しなかった」と主張するネオナチサイトに悪用される可能性があることに彼らは気づかなかった(6)。

歴史上の体制や秩序、価値観が大きく変動していくときに、ルネサンスの起源とされるルクレティウスの詩篇（写本）の影響力や、ルターの「論題」、そしてエドワード・スノーデンの内部告発に至るまで、人々の妄信を破壊させる啓示があったことが理解できる。

もともとシリコンバレーにはカウンターカルチャーが内在されていたことを考えれば、1990年代初頭のインターネットは反商業空間で社会変革の最大の道具だった。いまでもそれは、わたしたちの社会を驚くべき仕方で形づくっている。しかし、それはかつてのカウンターカルチャーの夢ではなく、プラットフォーム独占の経済空間となった。

ルクレティウスの詩篇には、「神と神話」の呪縛を絶ち、世界を原子に還元し、人々を人間であることの生きとし生ける「快」へと解放するチカラが込められていた。ルターが免罪符の購入によっては救済されず、聖書に立ち返るべきだと主張したことを、歴史的改革の端緒と見ることも、当時の人々の不安や不満と見事に合致したポピュリズムの勝利と

(5) 自動補完。ブラウザ等において、文字入力中に、次に続く文字を推測し、候補を表示する機能。

(6) Carole Cadwalladr, "Google, democracy and the truth about internet search," *The Guardian*, December 4, 2016: https://www.theguardian.com/technology/2016/dec/04/google-democracy-truth-internet-search-facebook

見ることもできるだろう。

ルネサンスの起源から600年、そしてルターの宗教改革から500年、符号めいた2017年に、デジタル社会変革という大変動はなぜ起こっているのか?

ホモフィリーとエコーチェンバー

マーク・ザッカーバーグのお気に入りのフレーズが「フェイスブック・コミュニティ」だ。

だが、フェイスブックは多くの集合だが、それはコミュニティではない。それはソーシャルネットワークであり、コミュニティとはまったく異なるものだ。ソーシャルネットワーク(オンラインまたはオフ)は、人々の既存の個人的な関係によって結ばれている。

一方、コミュニティは複雑な社会システムだ。なぜなら、彼らは異なる人生の人々から構成され、個人的なつながりをまったく持たない。いい例は地域のコミュニティである。

そこでの何人かとは友人だが、知らない人が多く、同じ地域に住んでいること以外、共通点はほとんどない。しかし、わたしたちが同じコミュニティのメンバーであることは間違いない。

ソーシャルネットワークは、ホモフィリーの力（個人を類似の、同類の他者と紐づける傾向）を重視する。フェイスブックは、無数の「同類」のグループにフレームワークを提供する。しかし、それはコミュニティではない。

インターネットが生み出したプラットフォーム・エコシステムは、ホモフィリー（同類性）が連なるソーシャルネットワークを増強させ、脱真実が残響しあう政治的な統治システムとさえなった。いまや政治システムまでもがソーシャルネットワークのターゲット広告に介入し、人々の政治的関心や選挙行動までを左右する。それを実現する因子が、ホモフィリーとエコーチェンバーである。

ホモフィリーは、人と人のつながりをすばやく実現するソーシャルネットワークの中心的な考えだ。それは「人は同じような属性を持つ人と群れる」という「羽毛の鳥（カラスとツバメは群れず、同種の鳥は群れる）」というシンプルな考えに由来する。類似性は接続を繁殖させ、あらゆる種類のネットワーク関係を構築する。その結果、受け取った情報、彼らが形成する態度、そして彼らが経験する相互作用に強い影響を与える。

ソーシャルネットワーク内に残響するメッセージは巧妙に仕掛けられる。情報や信念などが、同質性に基づく閉じたシステムの内部でコミュニケーションされ反復されると、増幅、強化される。この残響作用がエコーチェンバーであり、そのメッセージは確実に同類の人々の心理に作用する。これがフェイクニュースやロシアがフェイスブックを用いて行ったとされる選挙誘導広告の手法である。

フェイスブックが有する莫大なユーザーの宝庫がなければ、比較的低予算のブレグジット（Brexit）とトランプのキャンペーンが成功することは不可能だった。フェイスブックは昨年のフェイクニュース記事の流行のなかで、「無意識」のうちに重要な役割を果たした。

フェイスブックの初代社長であったショーン・パーカーは、2017年11月、フィラデルフィアの講演で、「ソーシャルネットワークは人々の心理的脆弱性を悪用するように設計されている」とユーザーに警告した。(7) そして、「神は子どもの脳に何をしているかをわかっている」とパーカーは付け加えた。

かつて、各個人と地球上のほかの人との間には「6次の隔たり」があると考えられてきた。しかしフェイスブックユーザーの平均分離度は3・57だ。

(7) Mike Allen, "Sean Parker unloads on Facebook: 'God only knows what it's doing to our children's brains,'" *AXIOS*, November 9, 2017: https://www.axios.com/sean-parker-unloads-on-facebook-god-only-knows-what-its-doing-to-our-childrens-brains-1513306792-f855e7b4-4e99-4d60-8d51-2775559c2671.html

同類性に支えられたネットワークがいいとは限らない。ツイッターの創設者のひとりであるエヴァン・ウイリアムズは、2017年5月、「インターネットは壊れている」というタイトルの記事で、『ニューヨーク・タイムズ』に次のように語った。「誰もが自由に話せ、情報やアイデアを交換できるようになると、世界は自動的によりよい場所になるだろうと思った。ぼくはそれについて間違っていた」と。(8)

グーテンベルクからインターネットへ

ルターの宗教改革は、ルネサンスが生んだ最大の発明であった印刷機の普及と密接な関係を結んだ。新約聖書やルター自らが書いた冊子などもグーテンベルクの活版印刷で作成された。宗教改革は、印刷というネットワークを構築したが、印刷物の配布には時間がかかり、都市部と農村部では人々の識字率に大きな格差があった。

インターネットの世界的な影響と、16世紀のヨーロッパで起こった印刷の影響には歴史

(8) David Streitfeld, "'The Internet Is Broken': @ev Is Trying to Salvage It," *The New York Times*, May 20, 2017: https://www.nytimes.com/2017/05/20/technology/evan-williams-medium-twitter-internet.html?smid=fb-nytimes&smtyp=cur

上の類似点はほとんどない。

現在のデジタルネットワーク時代と、ヨーロッパの印刷の出現に続く時代には、明らかに大きな違いがある。まず、現代の最も明白なネットワーキング革命は、ドイツの印刷機が放った回転の波よりずっと速く地理的にも広範囲だ。

第二に、現在の技術革命の分散の結果はまったく異なっている。近世ヨーロッパは知的財産権を執行する理想的な場所ではなく、当時の技術はギルドによって秘密裏に独占されていた。印刷技術は巨万の富を生まなかったし、ヨハネス・グーテンベルクはビル・ゲイツにはなりえなかった。実際にグーテンベルクは、1456年までに事実上破産していた。

さらに、印刷は新聞や雑誌のサブセットでのみ広告収入を可能にしたが、インターネットはソーシャルネットワークなどのプラットフォームをすべて広告媒体にした。それは莫大な富を生んだ。

それにもかかわらず、わたしたちの時代と印刷の出現に続く革命期の時代の間には、いくつかの類似点があるのも事実だ。

印刷はあらゆる種類のパニックの伝達メカニズムとなり、魔女の狂気や陰謀を広めた。これは現在のインターネットと変わらない。イスラム国（ＩＳＩＳ）の残虐行為も、16世紀と17世紀のいくつかの政府や宗派のそれと比べれば、特段の差異はない。印刷が黒魔術に関する書籍や科学に関する書籍を頒布したことと、現在のフェイクニュースで公衆が汚染されていることも、それだけなら大差ない。

ほとんどの歴史において、階層型ネットワークは分散型ネットワークを支配していた。紛争の比較的少ない小規模な都市では、中央集権化された指揮統制が一般的で、リーダーシップが大きな利を得た。さらに、ほとんどの農業社会では、識字は小規模のエリートの特権だったため、書かれた言葉で結ばれたノードはほんのわずかだった。

改革の「限界」は超えられるのか

宗教改革の直前、印刷機が発明されていた。それはマルティン・ルターの異端に権限を与え、新しいネットワークを生み出した。印刷された文書にすぐさま反応した人々と、カトリック教会の権威の中で生きる人々の間では血まみれの戦いが生じた。

改革ののろしは、新興の技術を携えて急速に広まったが、識字率が低かった農村部では、教皇の反改革を支持した。そして、プロテスタントのネットワークが、カトリックの支配者を破壊することは不可能であることが判明した。それは同時に、宗教改革を採用した国々がカトリック教会を完全に終わらせることも不可能だったことを示していた。

インターネットの初期の夢であった「誰もが平等につながる自由」は、ルターの描いた「万人の神権」と同じく幻想だった。ファクト、フェイク、フィクションはすべて、ラテン語の動詞、*facio*、*facere*、*feci*、*factum* から派生している。「事実」はつくられたものであり、偽造物と同種のものだ。すべてはフィクションである。このフィクションからわたしたちの社会が構成されていることに留意しよう。

わたしたちがデジタル時代のルネサンスを問うなら、少なくともここ数百年にわたる歴史とデジタル技術が織りなすフィクションが教訓となる。現在、かつてのルネサンス時代と大きく異なる事象は、デジタル技術というビットのフィクションが、エピクロスの原子の自由を支配していることだ。

それは、これまで以上に世界がふたつの異なる種類の人々に分離していくことを意味している。

すなわちネットワークを所有し運営する人々と、単にネットワークを使う人々である。もちろん、世界のほぼすべては後者に属している。

4 個人データの「コモンズ」は可能か?

2018年5月、GDPRがついに完全施行された。それまでの数か月、欧州では、アルファベット（グーグルの親会社）やフェイスブック、アマゾンを分割国有化すべきという議論まで起きている。GDPRの施行によって、IT巨人たちはこの先、どのような「企業」に変容していくのか？　デジタル社会の行方を左右するEUが狙う改革の全容が見えてきた。

すばらしきかな、データ経済？

２００８年の経済危機以降、国境を越える資本フローは急激に減少したが、データの流れが急増することでグローバリゼーションの定義は新しい段階に入っている。注目すべきは、15年前には事実上存在しなかったデジタルフローが、過去数百年の財貨取引よりもＧＤＰの成長率に大きな影響を与えていることだ。

マッキンゼー・グローバル研究所（ＭＧＩ）の分析[1]によれば、この10年にわたるデータフローの影響で、ＧＤＰは10・1パーセント増加した。この値は、２０１４年だけで約７・８兆ドル（約８８５兆円）に達し、データフローの直接の影響は２・８兆ドル（約３１８兆円）を占めている。

データの流入と流出の両方が、世界のアイデア、研究、技術、才能を経済に導く。このような変化は、企業が資本集約型のビジネスモデルを用いずに国際市場への参入を可能に

(1)　"Digital globalization: The new era of global flows," McKinsey Global Institute, February 2016: https://www.mckinsey.com/business-functions/digital-mckinsey/our-insights/digital-globalization-the-new-era-of-global-flows

するなど、多様な可能性を生み出している。

国境を越えてデジタル伝送されるデータの流れは多様化し、２０１４年には世界のＧＤＰの３分の１以上を占めるまでになった。財産・サービスの自由な流れと国境を越えた資本移動による経済は、より多くの人々の情報とコミュニケーションへのアクセスから利益を得る経済へと変化している。

世界はこれまで以上につながっているが、接続の本質は基本的に変化した。国境を越える帯域幅の総量は、２００５年以来45倍に増加し、情報、検索、通信、ビデオ、取引、及び社内通信の流れが加速することで、今後5年間でさらに9倍増加すると予測されている。世界貿易の約12パーセントは国際的な電子商取引であり、テクノロジーベースの新興企業の86パーセントが、国境を越えた活動を展開している。

個人はといえば、学習、仕事の発見、才能の紹介など、個人的なネットワークの構築にグローバルなデジタルプラットフォームを利用している。約9億人の人々がソーシャルネットワークとつながりを持ち、３億６０００万人が国境を越えた電子商取引に参加している。伝統的な雇用とフリーランス双方のためのデジタルプラットフォームは、よりグローバルな労働市場を創造しはじめている。

デジタルプレイヤーは、市場規模の大部分を占めるようになった。アップル、アルファベット、マイクロソフト、アマゾン、フェイスブックは、世界で最も重要な5社である。ネットワーク効果に依存する製品では、これらのプレイヤーは規模の経済性と市場シェアを享受できる。デジタル製品の浸透と普及を促進する能力やイノベーションのための最重要なリソースを持っているからだ。それこそが世界中の個人データである。

デジタル技術は、将来の仕事を変える。デジタル技術の適用によって可能になる自動化、ビッグデータ、およびますますブラックボックス化するＡＩ（人工知能）は、世界経済の50パーセントに影響を与える可能性がある。

ＡＩの社会的影響を調査するニューヨーク大学のAI Now Institute(2)は、刑事司法、医療、福祉、教育を担当する公的機関に対し、決定や判断の根拠を説明できないブラックボックスＡＩを禁止するよう求めた(3)。デジタル技術によって10億人以上の雇用と14・6兆ドル（約1637兆円）の賃金が排除され、社会的不平等を増大させることは目前に迫っている。

データフローやその経済を支えている「個人データ」に焦点を合わせれば、当の個人データの所有権は個人に帰属せず、そのデータがさまざまなプラットフォームに独占され、グローバルな経済活動を支える原資となっていることに留意しなければならない。そこに

(2) https://ainowinstitute.org/

(3) "AI NOW INSTITUTE ANNOUNCES 2017 REPORT WITH KEY RECOMMENDATIONS FOR THE FIELD OF ARTIFICIAL INTELLIGENCE," https://ainowinstitute.org/press-release

は新たなリスクや政策上の課題が山積みとなっている。

欧州委員会からの断罪

デジタル社会改革の本流を提起したのは、EUによって2018年5月から違反事業者に莫大な罰金を含む行政処分が課せられるGDPRの発効である。

アルファベットとフェイスブックへのいくつかの断罪は明白だ。2014年、欧州司法裁判所はEU市民がいわゆる「忘れられる権利」を持っていると判断し、グーグルが欧州で事業を継続したいと望む場合、遵守する必要があると命じた。

2017年5月、欧州委員会はワッツアップ（WhatsApp）の買収について、「誤解を招く間違った情報を意図的に提供した」として、フェイスブックに1億1000万ユーロ（約146億円）の罰金刑を命じた。(4) そして、6月には、検索の独占権を乱用したとしてグーグルに24億ユーロ（約3194億円）という巨額の罰金を課した。(5)

(4) "Mergers: Commission fines Facebook €110 million for providing misleading information about WhatsApp takeover," European Commission, May 18, 2017: http://europa.eu/rapid/press-release_IP-17-1369_en.htm

(5) "Antitrust: Commission fines Google €2.42 billion for abusing dominance as search engine by giving illegal advantage to own comparison shopping service," European Commission, June 27, 2017: http://europa.eu/rapid/press-release_IP-17-1784_en.htm

さらに2017年11月30日、英国の消費者団体がグーグルを訴えた。グーグルが2011年6月～2012年2月に、iPhoneのプライバシー設定をバイパスして不法に540万人の個人データを蒐集していたとして、英国で大規模な集団訴訟がはじまった。訴訟を起こした「Google You Owe Us」(6)と呼ばれるグループは、この期間にiPhoneを使っていた英国の約540万人は、補償を受ける権利があると主張している。この訴訟が成功すれば、各個人に500ポンド（約7万6000円）が返金される見込みで、540万人分とすれば27億ポンド（約4099億円）という額となる。

世界的な将来課題の調整機関である欧州委員会は、プラットフォーム独占への追及を強めてきた。GDPRの完全施行の前には、経済的教訓とメッセージを含んだ罰則は予測されていた。

しかしもっと大きな兆候は、シリコンバレーのIT巨人が急速に輝きを失っていることを示す世界の主要メディアの論調である。これらの多くは、ブレグジット（Brexit）とドナルド・トランプの選挙、そしてとくにアルファベットやフェイスブックがこれらの政治的激震に重要な役割を果たしていたという追求に関連している。

これは、両社が積極的に何らかの成果を追求したというより、ユーザーの個人データを

(6) https://www.youoweus.co.uk/

蒐集してターゲティング広告の目的で企業に提供するという、彼らの構築したインフラストラクチャに起因する。そのビジネスシステム自体が、政治アクターの道具となり、彼らの政治的目標を達成するための武器になったからだ。

個人データの蒐集とそこからの錬金術が、データポリティクスやサイバー犯罪に転用されるリスクは大きい。膨大な個人データを持つエンティティは、想定外の問題を引き起こす火種でもある。

経済制裁とメッセージ

GDPRの施行によってテクノロジーの「巨人」を経済制裁だけで追い詰めていくことは、EUの本当の狙いではない。この問題の核心は、EUのアイデンティティに関わる戦略を類推することで見えてくる。経済的な制裁以外に明確な目標が定められていない規制のリスクは、EUにとっては常に後手に回る対応であり、混乱を繰り返すだけだ。

それは逆に、ＩＴ巨人のすばやい変身を後押しする燃料にもなる。規制当局に降伏する代わりに、テクノロジー企業は古いビジネスモデルを一気に放棄し、より強固な体力を増強することとさえ可能だ。

国家を凌ぐ規模になったＩＴ巨人が、米国のみならずＥＵや世界各国とどう折り合いをつけるのか？　デジタル社会改革の主題が見えてくる。

ＧＤＰＲのような厳格で新しいルールに直面するＩＴ巨人は、現状で規制されていない技術を使い、自らのビジネスをすばやく切り替える必要がある。この観点から、グーグルの親会社であるアルファベットに課せられた24億ユーロの罰金を、欧州委員会がどう解釈しているかが鍵となる。

グーグルのパートナーであるオンラインショッピングサービスを常に検索上位に表示する意図があったのか？　グーグルが自らの支配力を濫用しているかについて、欧州委員会は7年もの時間を調査に費やした。

今後の大きな展開は、グーグルが検索からターゲット広告への収益源を簡単に放棄するかもしれないことだ。

そうなれば世界中のアドテック企業に大きな影響が及ぶ。

アルファベットのエコシステム

プラットフォーム企業の将来的なビジョンについての認識を誤ることは、ＥＵにとって致命的である。データプラットフォーム独占のパワーを制限する効果的な最善策は経済制裁ではない。これまでアルファベットの収入の大部分が広告収益だとしても、現時点で上昇しているのは、ＡＩに移行したデータの収益性であり、より創造的なデータ利用が進化しているからだ。

アルファベットは、検索と広告の組み合わせによって、多くのデータを蒐集する効果的な方法を開拓した。だが、それは企業の進化の初期段階に過ぎない。

次の段階では、過去のビジネスモデルの一部は維持されるかもしれないが、ＡＩ主導のビジネスモデルに移行するアルファベットは、全世界の企業だけでなく、国や行政機関との関係構築に向かう。アルファベットのＡＩに、対価を支払うのは誰か？　高度なＡＩと組み合わされ、わたしたちを熟知するデータ経済の行方は、アルファベット自身がその答えを導くことになる。

アルファベットは、わたしたち一人ひとりに関する膨大なデータを所有している。ユーザーの新しい電子メールの情報さえあれば、追加のデータはほとんど必要ない。結局のところ、すでに所有している膨大な情報量に余分な情報を追加する機会は減少している。強力なＡＩの導入によって、アルファベットは過去のグーグルから大きく離陸しはじめている。

アルファベットは、ユーザーから蒐集したすべての個人データを活用して、高度なサービスを構築する。それらの多くはＡＩに基づいている。ＡＩに進化した個人データは、もはや提供元の個人から離陸し、アルファベットの固有資産となっている。

蒐集した個人データの身元をいち早く消す、「データロンダリング」も加速する。それはＥＵの追跡を回避するための手段だ。最終的にアルファベットは、ＡＩそのものへの進化をめざしている。

ここでほかの事業者との決定的な違いを生むのはアルファベットのスケールだ。すでに所有しているデータ量とそれをもとに構築したＡＩがあれば、競合他社のはるか未来に先行できる。過去に、無料のサービスという「餌」で個人データを蒐集し、築かれた「新しい経済」の帝国は、明日には陳腐な行為だったと難なく回顧されてしまう。

アルファベットの長期戦略を予測すれば、それは次のようなシナリオである。かつてグーグルは、ユーザーについてできるだけ多くのことを知る必要があった。そのために必要だったのは、短期的な利益ではなく、まず多くの個人データを蒐集するために、自前のサービスを提供することだった。それらの戦略は、検索クエリを入力する必要がない方法で、わたしたちの情報ニーズを予測することを可能にした。

ユーザーの場所データや高度な概念的手がかりを解析し、わたしたちのメールボックスの行動履歴やカレンダーでの予定の蒐集は、このトリックの種明かしだった。今後、アルファベットにとって必要な情報は、わたしたちのスマートフォンやスマートTV、IoT(モノのインターネット)、スマートシティの至るところから蒐集され、もはや「検索」が時代遅れになるような方法でわたしたちを掌握する。

アルファベットは、ユーザーの検索行動に頼ることなく、わたしたちが探しているものの、わたしたちの関心そのものを、不愉快な仕掛けをすることなく、わたしたちの情報ニーズを満たすほかの多くの方法を提示するだろう。

これはアルファベットのパワーがさらに増強されることを意味している。彼らはすでにブラックボックスAIなのだ。

デジタル社会改革の切り札

GDPRの経済制裁やメディアによる告発を受け、シリコンバレーの巨人たちは、現状の痛みを将来の強さに変えていく。

デジタル社会改革の真の切り札は、個人データエクスチェンジによる市民主導のデータ経済やプライバシーの再生という、穏やかで長期的な文化生成が必要な取り組みにあるのではない。

喫緊の危機や課題に対処できるのは、やはり世界最大のEUの立法権限である。

データはほかのどの商品とも異なり、データ市場はほかの市場とも異なる。単一の企業がすべてのデータの80パーセント以上を支配すれば、市場の支配力を濫用する可能性がある。5つの企業がすべてのデータを20パーセントずつ分掌する市場なら、よりよい結果を生むかもしれない。

しかし、データは単なる商品ではない。AIのデータ処理にとって、世界中のデータの100パーセントを管理する企業は、20パーセントしかコントロールできない企業とはまったく異なる。

異なるデータセットを集約することでもたらされるすべてのインサイトを活用したいのであれば、データはひとつのエンティティに属するのが理想である。

もちろん、それは競争法を抑止したり、アルファベットにすべてのデータを渡したりする理由にはならない。競争法は遵守すべきであり、より高いレベルの対処を模索すべきである。

しかし、そのエンティティはアルファベットのような民間企業である必要はない。

個人データの所有権変更

ここで、ＧＤＰＲの根底にある欧州の市民社会や市民憲章が成熟させてきた公的所有やコモンズの理念が立ち現れる。

過去、巨大な規模の経済を享受し、共通の利益をもたらす公益事業となった鉄道や電力事業のような自然独占は、公的所有に変更された。新しい独占問題への解決策は、デジタル時代においても更新される。それは、利益とパワーを追求する代わりに、インターネットとデジタルインフラストラクチャのコントロールを市民社会が取り戻すことを意味する。

企業がＡＩのパワーを蓄えている間に、マイナーな規制や経済制裁だけで社会改革を実行することは不可能だ。しかし、個人データの国有管理となれば、政府の監視能力は飛躍的に高まり、新たなリスクを生み出す。民間企業の自然独占が続けば、一部のＩＴ巨人のデータ経済と市民監視の支配力はさらに増大する。この中間地帯に、個人データの「コモンズ」への移行を探求する道がある。

たとえば、個人データを管理運用するエンティティとして、すべての市民が共同所有するナショナルデータファンド（データ信託）、またはEUの場合、汎欧州データファンドといった「データコモンズ」を基盤に置く、国家単位の公共事業が設置される可能性である。すでに中国では独自のデータ・エコシステムを機能させつつある。累積された個人データの上で新しいサービスを構築したいと希望する企業は、競争の激しい規制された環境で、利益の相当分を支払う必要がある。

さらに、現状のプラットフォーム独占の原資（個人データ）をデータファンドが引き継いでいないと、21世紀社会のデジタルインフラを制御するリスクは甚大である。これは、ソーシャルネットワーク自体を公共事業化するという見取り図でもある。将来、国や都市を構成する市民が、コモンズに運営委託するフェイスブックやグーグル、そしてアマゾンまでもが誕生するかもしれない。

フェイスブックやアルファベットが将来直面するのは、彼らが所有する莫大な個人データが、コモンズに返還され、電気や水道のような公共インフラとして再構築されるという脅威なのだ。

EUの切り札は何か？

このような見取り図は、巨大なテクノロジー企業が戦々恐々とするGDPRの罰金の見通しよりも、彼らにとってはるかに恐ろしいものになるだろう。実際、GDPRの罰金が大きな額でも、IT巨人の生死に関わる金額ではない。

GDPRの罰則金の設定は、広く世界に向けたEUのメッセージだ。IT巨人の生死に関わる問題こそ、彼らの自然独占の公共化なのだ。これを世界最大の立法権限が実行できれば、それがEUの持つ切り札となる。それこそがデジタル社会改革の第一歩となるかもしれない。世界中の個人データは、採掘権すらない原油でも天然資源でもない。まして私企業が経済資源として独占するような性質でもない。

デジタル経済の発展は、データ処理活動の量、質、多様性、性質の指数関数的な増加をもたらした。ビッグデータを分析する市場は、世界中で年間40パーセント増加している。

EU市民の個人データの推定資産価値は、2011年に3300億ユーロ（約44兆円）となり、20年までに年間で1兆ユーロ（約132兆円）を超えるとEUは試算している。(7)

GDPRを発効したEUの将来のアプローチはこうだ。

シリコンバレーの大企業に、彼らがAIそのものになる前に、できるだけ多くのデータを蒐集させ、競争法や独占禁止法を盾にデータ資本の公共財化を推進することである。21世紀のデジタル社会改革の鍵を握る重要な原資が、プラットフォーム独占企業によって所有され、データ封建主義を加速させるなら、最後の砦は蒐集された個人データの「所有権」変更にある。

GDPRの細則の中で重要なのが「データ・ポータビリティ(8)」の規定である。事業者は、蒐集した個人データを当該個人の申し出により、事業者の妨害なくその個人に返還する義務を負う。これにより、事業者が「所有」する個人データは本来の所有者に返還され、別な事業者に個人データを移管することも、そこから各個人の利益となるデータを活用することも可能となる。

この「データ・ポータビリティ」の規定自体、さまざまな想定外の課題と向かいあうことが予測されているが、その上位概念には、個人データの委託運用と包括的な公益管理の

(7) https://ec.europa.eu/info/law/law-topic/data-protection_en

(8) "Guidelines on the right to data portability," December 13, 2016: http://ec.europa.eu/information_society/newsroom/image/document/2016-51/wp242_en_40852.pdf

可能性が控えている。

ＧＤＰＲの「中間ゴール」となる取り組みが、このデータ・ポータビリティを活用するＰＤＥ（パーソナル・データ・エクスチェンジ）と呼ぶ個人主導のデータ経済活動である。

いま、５００年前のルネサンスと宗教改革に匹敵する社会的変動が、ここ欧州から胎動しはじめている。

4.5 〈わたし〉を離さないで
――デジタルアイデンティティのありか

インターネットは、便利な生活をもたらす代わりにわたしたちのアイデンティティを奪い去った。ＥＵが適用を開始した「ＧＤＰＲ（一般データ保護規則）」は、デジタル空間に漂うわたしたちのアイデンティティを取り戻してくれるのだろうか？　インターネットが情報インフラとなってから20年、いま改めて問われはじめた、デジタルアイデンティティの現在を描く。

「侵害」か、「貢献」か

この20年、インターネットは快適な情報生活のインフラとして機能してきた。しかし、コインには両面がある。世界中の個人データを蒐集し、そこから莫大な利益を生み出してきたシリコンバレーのIT巨人たちにとって、ヒトのアイデンティティを構成する情報は、ターゲット広告やAI（人工知能）、そしてビッグデータやIoT（モノのインターネット）を推進する富の源泉となってきた。

この過程で明らかになった問題は、わたしたちが自身の「デジタルアイデンティティ」を所有せず、制御できないデータに分散され、細分化されているということである。

これをプライバシーの「侵害」と見るか、デジタル経済への「貢献」と見るかで、議論は分断されたままである。個人データ蒐集の問題点を洗い出し、個人が積極的に自らのアイデンティティを企業に提供し、それによる利益の分配や個人データ経済の新たな可能性を考える必要も生じている。

ヒトの生活行動と同様に、デジタルアイデンティティは、ユーザー名とパスワード、電子取引などのオンライン検索活動、生年月日、社会保障番号、病歴、購買履歴・行動などの特性またはデータ属性で構成され、電子メールアドレス、URL、ドメイン名などひとつ以上のデジタル識別子にリンクされている。

確かに、異なる事業者が世界中の個人データの異なる部分を所有しているという点で、わたしたちのアイデンティティはすでに広く分散している。自分のアイデンティティはひとつではないし、多彩な「分人」を演じる人も多い。

しかし、デジタルアイデンティティの所有権が個人に帰属するとは限らない。

変更されたままのインターネット

ソーシャルネットワーク（フェイスブックなど）はわたしたちの実名を含む関係アーキ

テクチャーの大部分を所有し、電子商取引プラットフォーム（アマゾンなど）は顧客の購入履歴と好みを所有している。彼らの経済活動は、人々が提供する個人データによるネットワーク効果を生み出し、個人データは彼らの所有権の一部に組み込まれている。

わたしたちの個人データは、さまざまな事業者に細分化されて所有され、彼らのサービスと収益の生成に深く関連しているという点でセグメント化されている。シャドープロファイリングと呼ばれるフェイスブックのアルゴリズムは、わたしたち自身も〝知らない〟アイデンティティを〝知っている〟のだ。

これは、そもそも「離散性」を意味するデジタルの概念や「デジタルである」ことの常態からすれば、わたしたちの「宿命」なのか？

わたしたちのデジタルアイデンティティは自身のコントロールから離散し、自分自身の所有物ではなくなった。わたしたちは自身のプロフィールを編集しアップデートするが、第三者である事業者は最終的にわたしたちの個人データを所有する。事業者のデータ支配を後退させる試みは、わたしたち自身にとって苦痛となる可能性もあり、時に不可能でもある。あなたがある日、ソーシャルネットワークアカウントをすべて削除したとしても、あなたの個人データはインターネット上に生きつづける。しかも、他者とのネット上での関係をこれまでどおり維持することは困難となる。

創成期のインターネットは、情報の民主化と互いを平等につなぐことを目的としていた。しかし、この技術基盤が浸透してから十数年の間に、シリコンバレーのIT巨人たちはまったく異なる生態系をつくり出した。彼らは世界中の人々を魅了するデジタルアプリを無料で提供し、人々はその代わりに自らの個人データやプライバシーを彼らに譲り渡した。その結果、人々の個人データは、彼らの莫大な収益に貢献してきた。このトレードオフの中で、わたしたちはますます商品化され、コンテンツに置き換えられた。

いまやインターネットトラフィックの70パーセントはフェイスブックとグーグルによって管理され、技術全体主義の多様性の欠如は偏った「製品」の温床となっている。インターネットは、ある時点で変更されたままなのだ。

個人、企業、機器のアイデンティティ

5億人の市民を抱えるEU（欧州連合）は、個人データとプライバシーがシリコンバレーのIT巨人たちによって狡猾に搾取されていると主張している。世界で最も強大な立法権限を持つEU議会は2016年4月、「GDPR（一般データ保護規則）」を発効し、2年の猶予のあと、2018年5月25日に莫大な罰則金を含む法律をEU全域で適用開始した。

このGDPRは、インターネットを1995年段階にリセットすることを目的としている。つまり、人々の個人データやプライバシーが企業の商品になる前の段階に立ち戻り、インターネット環境を個人データ保護の観点から健全化するというのが狙いである。

その内容は、忘れられる権利（ネット上の個人データを削除できる権利）、個人データのEU／EEA域外への越境禁止、データ・ポータビリティ（事業者に提供した個人データを取り戻し、ほかの事業者へもスムーズに移管できる権利）、個人データの蒐集と活用に対する明示的同意の強化、プライバシー・バイ・デザイン（EU市民の個人データを蒐集する企業は、あらかじめ厳格なプライバシー保護を製品やサービスの設計段階に取り入れる）など。これは世界で最も厳格な個人データ保護規則である。

このGDPRの適用によって、EUは世界の個人データ経済を根本的に修正しようとしているのだ。

そもそもアイデンティティとは、物事を成し遂げるために人々によって使用されるツールである。デジタル社会を生きるわたしたちにとって、デジタルアイデンティティは、個人、組織、または電子デバイスによってサイバー空間で採用、または要求されるネットワーク上のアイデンティティを意味する。ユーザーは、複数のコミュニティを通じて複数のアカウントを投影することもできるが、デジタルアイデンティティに関する懸案事項はセキュリティとプライバシーだ。

アイデンティティそのものはその定義においても断片化されており、今日の世界では人間を特定するだけにとどまらず、企業のアイデンティティやＩｏＴを構成する膨大な機器のアイデンティティについても考慮する必要がある。スウェーデンのモバイルインフラ・ベンダーであるエリクソンは、２０２２年には２９０億台の接続機器が、ＩｏＴ分野では１８０億台がネットに接続されると予測している。

「購入」から「ライセンス」へ

デジタル経済は、人々の所有権や資産という概念を大きく変更させている。2016年10月、アーロン・パーザナウスキーとジェイソン・シュルツによる『オーナーシップの終焉：デジタル経済における個人のプロパティ(1)』と題された本がMITから出版された。この本が提起した問題は、今後10年で進捗するIoT社会の光と影を浮き彫りにするものだった。

「もしあなたが書店で本を買った場合、あなたはそれを所有します。あなたはそれを家に持ち帰り、本の余白に書き込みをしたり、本棚に置いたり、友人に貸したり、ガレージセールで売ったりすることもできます。しかし、購入した電子ブックやその他のデジタル製品についても同じことが当てはまるでしょうか？」

(1) 原題は以下のとおり。Aaron Perzanowski and Jason Schultz, *The End of Ownership: Personal Propertyin the Digital Economy*, The MIT Press, November 4, 2016.

いま問題となっているのは、販売企業や著作権者が、あなたが購入したモノやあなたが提供した個人データも、あなたに所有権はない、と主張していることだ。個人データも個人の所有物ではないとするなら、その現実を人々がどう納得するかには問題が残るだろう。

近年のデジタル経済を大まかに整理すれば、「購入」から「ライセンス」、そして「サブスクリプション」へと、オーナーシップ（所有権）が大きく変化しているといえる。音楽、映画、書籍といった物理的な対象が、デジタルファイルのダウンロードやストリーミングへと変換されてきた展開は、21世紀初頭に起きた目に見える大きな変化のひとつだった。

選択肢がなくなる

自動車、スマホ、コーヒーメーカーなど、消費者に販売したあとの製品でも、企業がそれらを「制御」できるのが、ＩｏＴのエコシステムである。これらの所有権変更は、物理的なオブジェクトのデジタル化よりも厄介だ。

「購入ボタン」をクリックした大抵の消費者は、製品を購入するとそれを自分のモノとして自由に所有できると想定する。しかし、この想定は、物理的なモノの消費からデジタル経済に移行することで変更されてきた。

部屋にいる家族の会話を吸い取り、データブローカーにそのデータを販売することも可能なスマートTVやAI音声アシスタントの機能は「盗聴」と何が違うのか？　スマホのバッテリー発火問題を抱えた企業は、返品に応じない顧客のスマホをリモートで「殺害」できる。自動運転機能を備えたクルマのメーカーは、自社のライドシェアネットワーク以外でクルマをシェアすることを禁止している。

デジタル製品の所有権変更が進むなか、ほとんどの消費者は、所有権は物理的な商品の購入と同じだと想定している。アイデンティティに至っては、当然、自身に所有権があると認識する。これまでクルマやコーヒーメーカーを買った消費者は、その製品を制御する権利も購入したと思い、彼らは自由にそれらを改良し、使用の仕方を自由に変更することも可能だった。

しかし、デジタル経済ではその想定は困難となる。消費者が専用カプセルの「間違った」ブランドを使用したときに停止するコーヒーマシンはひとつの例に過ぎない。人々は、製品を購入する際に自由な選択肢があると思い込むが、実際にはそうではないこと、そして自分には自由にコーヒー豆を選ぶ余地がないことを納得する以外にない。

実体社会における説明責任

厳格な個人データ保護規制によって、企業が人々の個人データや購入した製品を持続的に支配し、消費者の自由意志を制御する傾向をどこまで修正できるかは不明である。もちろん、わたしたちは購入した製品をすべて所有する必要はないが、シェアやサブスクリプションが理にかなっている場合、「購入」は一時的であることを消費者に伝える必要がある。当然、人々の個人データをどう経済化しているかも、明示的な同意要求のうえで行われなければならない。

現在のプライバシーモデルは、個人の「被害」に執着する。このレンズから見れば、個人の被害は集団の被害と同一ではない。危機にあるのは、個人の被害だけでなく、ネットワーク上に起こりうる集団の「被害」でもある。プライバシーの個人中心主義を乗り越えて、ネットワーク上の人々のプライバシーを統合的に保護する戦略が、ＥＵのＧＤＰＲがめざす方向でもある。

このパズルの解決策は、個人データの蒐集を制限し、特定のデータ項目に対する個別の制御を単に規制するだけではない。個人データがネットワークの中で動的に振る舞い、連鎖する際に何が起こるのか？　個人を超えて集団やコミュニティにどんな影響が及ぶかを精査することが急務となる。

このまま世界中の個人データが事業者の利益追求によって蒐集されつづけるなら、かつてドイツを中心に欧州全域に吹き荒れた食の安全や環境保護をめぐる消費者政治が、個人データやプライバシーの保護に向かうことは目前に迫っている。

「購入」という言葉が「ライセンス」や「シェア」、「サブスクリプション」など、新しい現実に適応する語句に置き換えられるように、重要なのは、消費者がほとんど読むことのない契約文書の中に隠された内実を、公正な言葉に変換しなければならないことだ。もしデジタル経済における「プライバシーの死」が事実上避けられない現実なら、それを人々は本当に納得するのか？

サイバー空間の無尽蔵な「天然資源」が個人データだとするなら、それを蒐集する事業者には、サイバー空間ではなく、彼らが属する実体社会における説明責任がある。サイバー空間に離散するデジタルアイデンティティが、ヒトと社会が織り成す環境の行方を左右している。

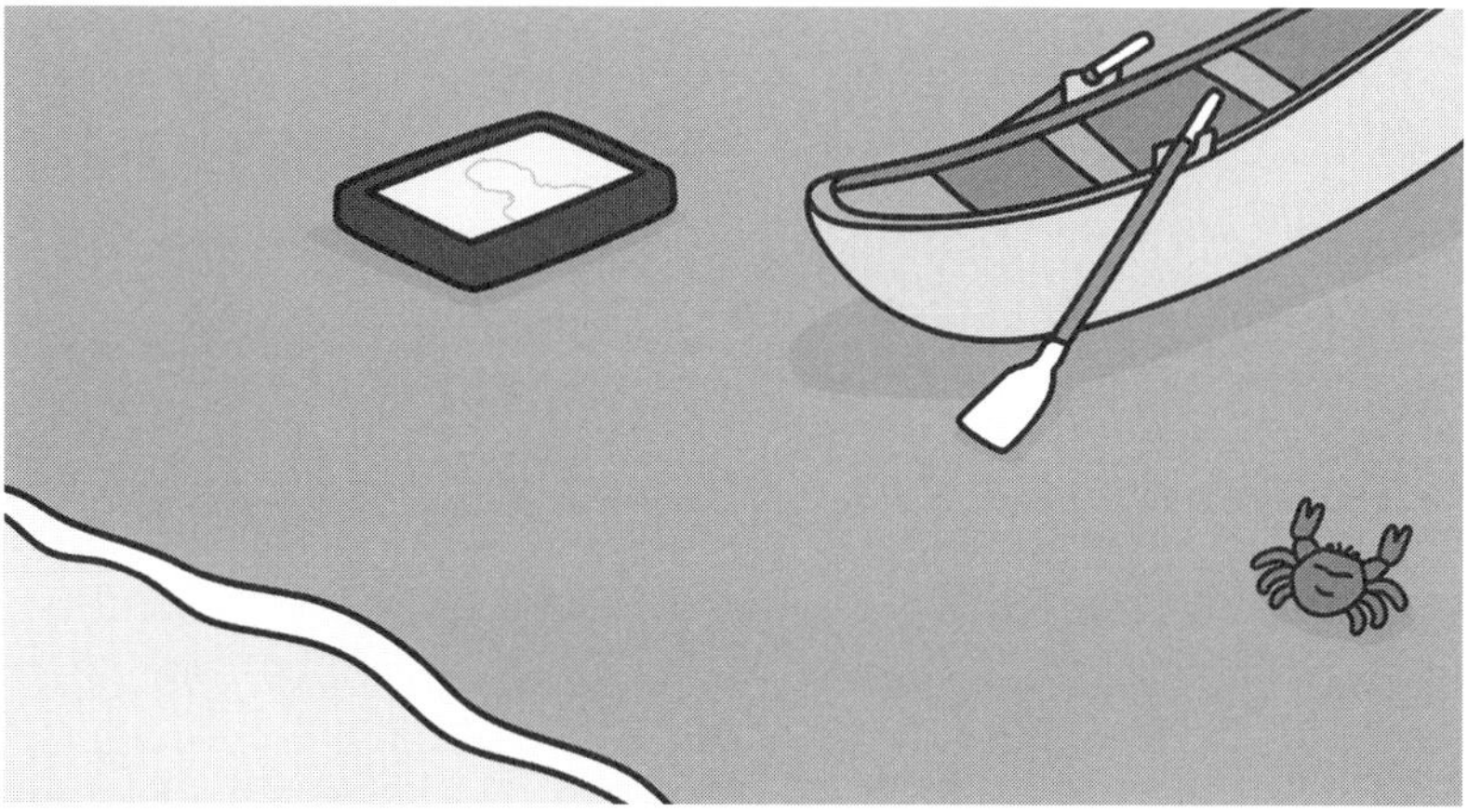

5 漂流するプライバシー

――「わたし」は取り戻せるのか？

「個人データ」の定義が揺れている。それはどこまで個人に帰属し誰に所有権があるのか？　個人データは、提供元の個人から離れ、ベンダーによるさまざまな解析技術によって編成され「知的財産」につくり変えられている。当然、第三者のプロセッサ（データ処理事業者）にもプライバシーは転送される。GDPRの革新的な権利のひとつが「データ・ポータビリティ（データ可搬）」だ。GDPRの本格施行までを丹念に追う過程で、プラットフォームに占有された個人データをユーザーが自ら取り戻す可能性とともに、個人データの範囲と解釈をめぐる課題も見えてきた。

経済価値に向けて彷徨《さまよ》う個人データ

わたしたちのオンライン生活は、現在、プロバイダ中心のシステムで動作している。プライバシーポリシーは個人よりむしろ、プロバイダや第三者の利益に役立つ傾向にある。蒐集したデータを使用して、広告ネットワーク、ソーシャルネットワーク・プロバイダ、及び他の企業アクターは、ますます完全な個人プロファイルを構築することができる。これにより、個人が自分の権利を行使し、個人データをオンラインで管理することは困難となっている。より人間中心のアプローチが必要とされている。個人データがどのように蒐集され、共有されているかを制御するためには、個人に権限を与える必要がある。(1)

データ資本主義（インターネット経済）は、ユーザーに無料のサービスを提供するビジネスモデルによって推進されてきた。長年にわたり、個人データの経済的価値は、その情報フローを制御する少数のＩＴ巨人によって独占されている。膨大な個人データ（ユーザ

(1) Giovanni Buttarelli（欧州データ保護責任者）、「新しい現実に向けて：オンライン・アイデンティティのコントロールを取り戻す」、2016年10月。

ーの購入習慣、ブラウジング履歴、ロケーションデータなど）は、インターネット巨人によって採掘・観察され、ターゲット広告やＡＩ（人工知能）開発の原資として利用された。

だがここにきて、フェイスブックとグーグルを名指しで批判する動きがさらに加速している。

２０１８年1月25日、スイスのダボス会議（世界経済フォーラム）で講演した米国の投資家ジョージ・ソロスは、両社を世界の「革新の障害」であり、人々の社交環境を悪用する凶悪な企業と語り、「人々の注意を商業目的に向けて操作し、彼らが提供するサービスは意図的に中毒状態をつくることでユーザーを欺いている」と断罪、「インターネット巨人が存続できる時間は限られている」と示唆した。(2)

遡って２０１７年11月には、フェイスブックの初期投資家であったロジャー・マクナミーがフェイスブックとグーグルを公衆衛生上の脅威と表現した。ソロスが「革新の障害」と語ったのは、ワールド・ワイド・ウェブの発明者であるティム・バーナーズ＝リーの言葉(3)をエコーしたものだった。

さらにセールスフォース（Salesforce）のＣＥＯマーク・ベニオフは、フェイスブックはタバコ会社のように規制されるべきだと語った。(4)

(2) "Remarks delivered at the World Economic Forum," GeorgeSoros.com, January 25, 2018: https://www.georgesoros.com/2018/01/25/remarks-delivered-at-the-world-economic-forum/

(3) Olivia Solon, "Tim Berners-Lee on the future of the web: 'The system is failing,'" *The Guardian*, November 16, 2017: https://www.theguardian.com/technology/2017/nov/15/tim-berners-lee-world-wide-web-net-neutrality

こうしたＩＴ巨人への批判が沸騰するなか、彼らに個人データを渡してきたユーザー側にも内省がはじまっている。

ユーザーが自らの個人データを管理し、経済的な利益を実現するための個人データ交換（ＰＤＥ）や個人情報管理システム（ＰＩＭＳ）[5]には、プライバシーを尊重する新しいテクノロジー・インフラの構築が必要とされる。

今日、多くのプラットフォームは、ユーザーの行動追跡アルゴリズムによって、個人データから莫大な経済価値を引き出す方法を成熟させ、ユーザー監視を続けている。

技術への規制に苦悩する

「プライバシーの死」を受け入れる人々は、「自由の死」までを受け入れるのか？

プライバシーの死を楽観化する文化的傾向は、あらゆる環境のデジタル化によって、より大きなプライバシー侵害を引き起こす可能性がある。ＩｏＴ（モノのインターネット）

(4) Alex Hern, "Facebook should be 'regulated like cigarette industry', says tech CEO," *The Guardian*, January 24, 2018: https://www.theguardian.com/technology/2018/jan/24/facebook-regulated-cigarette-industry-salesforce-marc-benioff-social-media

(5) "EDPS Opinion on Personal Information Management Systems," October 20, 2016: https://edps.europa.eu/sites/edp/files/publication/16-10-20_pims_opinion_en.pdf

市場は毎年約30億個[6]の新しい接続デバイスを生産すると予測されており、各デバイスには機密情報や個人情報を蒐集する可能性のあるセンサーが設置される[7]。

政策と規制は技術に追いつくために苦悩する[8]。新しい技術やアプリケーションを規制する努力は、通信規制当局、データ保護機関、政府部門の間でますます不安定になる。誰もが、いまある困難な質問について、賢明で合法的な決定を下す自信はない。

個人データを原資とするAIからの潜在的利益は膨大で、わたしたちはすでに、スマホや家庭で毎日多くのAIを使用しており、その活用は、ほぼすべてのビジネス分野に及ぶ。AIは公共サービスでも使用され、欧米の地方議会は政策立案にも使用している。機械学習を使用して、どの犯罪者が再犯するかを予測する保護観察サービスも存在する。駐車違反や公衆衛生上の違反、犯罪者を特定するなど、AIはいまや公共の利益を促進する。また、医療機関の多くの分野では、AIによる診断ツールが使われ、AIが外科医となって、より倫理的な決定を下す可能性があることも否定できない。

しかし、リスクの規模も甚大である。アルゴリズムの使用とヒトの人生への影響には大きな非対称性がある。この非対称性が、悪用や搾取の対象となるからだ。

誰が自殺しているかを予測するフェイスブックのアルゴリズム[9]など、アルゴリズムの決

(6) Harald Bauer, Mark Patel, and Jan Veira, "The Internet of Things: Sizing up the opportunity," McKinsey & Company, December, 2014: http://www.mckinsey.com/industries/semiconductors/our-insights/the-internet-of-things-sizing-up-the-opportunity

(7) Lorenzo Franceschi-Bicchierai, "Internet of Things Teddy Bear Leaked 2 Million Parent and Kids Message Recordings," *MOTHERBOARD*, February 28, 2017: https://motherboard.vice.com/en_us/article/pgwean/internet-of-things-teddy-bear-leaked-2-million-parent-and-kids-message-recordings

定の背後にあるデータを検証する権利も定まっていない。ヒトの顔の分析に基づいて、誰がゲイであるかを予測するプロジェクト[10]の可否を誰が決めるのか？　高価な医療オプションやフェイクニュースを推奨する企業が、アルゴリズムにバイアスをかけ、手作業で整形するのを防ぐ手段はあるのか？　運転手のいないクルマや医師が不在の医療機関で、ＡＩが事故を起こしたときに誰が責任を負うのか？

ＡＩが倫理的な決定を下す方法をどう監督できるのか？[11]　金融市場におけるＡＩ主導の高頻度取引を公認するのか？　あるいは、ＡＩベースのボットが人間であるか否かを自問することはできるのか？

誰もまだこれらに決定的な答えを持っていない。しかし、ＩＥＥＥ[12]やＡＣＭ[13]（米計算機学会）、オックスフォード・インターネット研究所などの組織からの提案をもとに、どのような原則が答えを導くべきかについて活発な議論が行われている。米国では、ニューヨーク大学の**AI Now Institute**[14]やライアン・カロ[15]（**Ryan Calo**）のような学者が議論を開始している。

ＧＤＰＲは、自動化された意思決定に関し、データ主体が「ＡＩ論理に関連する有意義な情報、及び計算処理により予測されるデータ主題の想定される結果」にアクセスする権

(8) "We have to keep the bots under control," *Raconteur*, December 7, 2017: https://www.raconteur.net/business/we-have-to-keep-the-bots-under-control

(9) Josh Constine, "Facebook rolls out AI to detect suicidal posts before they're reported," *TechCrunch*, November 28, 2017: https://techcrunch.com/2017/11/ 27/facebook-ai-suicide-prevention/

利を有することを約束している。

プライバシーの喪失を求めるビジネス

技術主導のリスクに対応して、わたしたちは自身のプライバシー保護やオンライン・アイデンティティに関連した代替《だいたい》手段を緊急に考慮する必要がある。

たとえば、仮名によるオンラインでのやりとりもひとつの可能性だ。プライバシーを保持する仮名識別システムでは、ベンダーはユーザーの身元を検証することはできるが、その対話は必要最小限の情報しか明らかにしない。たとえば、属性ベースの信用状(16)などの技術では、年齢やその他の個人情報を明らかにする必要はなく、顧客が18歳以上であることをベンダーに証明することができる。

しかし、新しい経済モデルにとって、これらのシナリオは敬遠される。いわゆるシェアリング・エコノミーは、ユーザーのオフラインとオンライン生活とを融合させ、ユーザー

(10) Heather Murphy, "Why Stanford Researchers Tried to Create a 'Gaydar' Machine," *The New York Times*, October 9, 2017: https://www.nytimes.com/2017/10/09/science/stanford-sexual-orientation-study.html

(11) "Can we teach robots ethics?," *BBC*, October 15, 2017: http://www.bbc.co.uk/news/magazine-41504285

とモノの両方に固定アイデンティティを求める。特定される個人の「評価」がシェアリングの価値判断に必要だからだ。

これを突き詰めていくと、プライバシーの喪失が将来の協働経済や労働市場に参入する際の前提条件か否かという、新たな問いまでを提起される。

データの可搬性とは何か？

GDPRで最も革新的とされるのが、「データ・ポータビリティ（データ可搬性）」の権利である。

データの可搬性とは、データ保護の権利とその他の法律分野（競争法）との交差において、知的財産権、消費者保護の観点からも、重要な意味を持つ。したがって、ユーザー中心のプライバシー強化技術の開発と普及を促し、個人がデータ経済における重要な富を享受できるようにする最初のツールといえる。

(12) http://standards.ieee.org/develop/indconn/ec/ead_v1.pdf

(13) https://www.acm.org/

個人データの移植性の最初の参照事例は、電話番号の事業者間移転だった。新たな事業者への乗り換えが元の事業者の妨害なしで実行できる電話番号の移植性（ナンバー・ポータビリティ）は、データ可搬の理論的かつ実際的な先がけだった。

GDPR起草段階におけるデータ可搬性の基本的権利を要約すれば、ほぼ次のようになる。

1. データ主体は、一般的に使用される電子的及び構造的な形式で処理される個人データのコピーをコントローラから入手できる。

2. データ主体が個人データを提供し、その処理が同意または契約に基づいて行われる場合、データ主体によって提供され、かつ自動的な処理によって一般的に使用される電子フォーマットに基づいて保持される個人データは、コントローラからの妨害なしに取り出し、その他の情報システムにおいて使用することができる。

3. 欧州委員会は、第1項に規定する電子形式及び第2項に規定する個人情報の伝達の

(14) https://ainowinstitute.org/AI_Now_2017_Report.pdf

(15) https://papers.ssrn.com/sol3/papers.cfm?abstract_id=3015350

ための技術基準、様式及び手順を特定することができる。

ＧＤＰＲの細則を検討するワーキンググループであるＷＰ２９（データ保護指令第29条に規定されている作業部会）は、この新しいデータ可搬性の考え方に関する初期のコメントにおいて、これは「データ保護権」だけでなく、より経済的な権利であるべきだと強調した。

さまざまな状況において、ユーザーが機械読み取り可能な形式で個人データに直接アクセスできるようにすることで、大企業とデータ主体／消費者間の経済的な非対称性を是正することができる。また、大規模なデータによって作成された富を共有し、開発者に追加の機能やアプリケーションを提供するインセンティブを与えることもできるというものだった。

(16) "Attribute Based Credentials," https://privacypatterns.org/patterns/attribute-based-credentials

運搬できる「個人データ」の解釈

WP29は当初、個人データの「完全な移植性」の可能性を強調していた。データ主体に力を与え、デジタルサービスからより多くの利益を得ることを可能にし、顧客がより簡単にプロバイダを切り替えることを可能にすることで、より競争の激しい市場環境を促進する（たとえば、オンラインバンキングやスマートグリッド環境のエネルギー供給業者の場合など）ことができる。そうすれば、顧客の要求と同意に基づいて、ユーザーのデータにアクセスできる第三者による追加の付加価値サービスの開発にも貢献できるからだ。

この観点から、データの可搬性は、データ保護だけでなく、競争と消費者保護の双方に重点が置かれていた。

さらに、欧州データ保護監督機関は、2015年のEUデータ保護改革に関する勧告[17]において、データ可搬性を戦略的要素とみなしてきた。とくに、個人データの移植性は、「ユ

(17) PaulDe Hert, et al., “The right to data portability in the GDPR: Towards user-centric interoperability of digital services,” https://www.sciencedirect.com/science/article/pii/S0267364917303333#fn0080

ーザーが現在不足していると認識しているユーザー・コントロール」と考えられていた。
したがって、データの可搬性の権利の有効性には広範な適用範囲が求められ、データ主体が提供する個人データとは、ベンダーの処理操作にだけ適用されるものではないことを示唆した。

ＧＤＰＲは、個人データをすべてのデジタルサービスに運搬できる可能性を示している。実際、あるコントローラから別のコントローラへの個人データの自由な移植性は、デジタルサービスの競争とプラットフォームの相互運用性を促進し、個人データの制御性を高めるため、データ主体にとって強力なツールとなる。

しかし、ＧＤＰＲの本格施行に際して、データ可搬性の権利の定式化は、さらなる明確化が急務である。とくに、権利の目的と他の権利との相互関係に関しては、いくつもの異なる解釈が可能であり、技術的実装においてもさまざまな課題が残る。

たとえば、ＧＤＰＲの最終版では、個人から「提供された」データの移植性には一定の制限が設けられている。つまり、デジタルサービス・プロバイダの知的作業（複雑なアルゴリズムを使用してユーザーについて推測するデータ）が合法的に開示されることには言及していない。これは、データ・コントローラ（データを使用する組織）の知的財産に対する保護手段であり、競争力のある他のプラットフォーム企業に無料で彼らの作業データは提供されないということだ。

では、どのようなデータが移植可能なのか？

ＧＤＰＲにおけるデータの可搬性は、データ・コントローラに当初「提供した」個人データにのみに適用されるということだ。

個人データは企業の知的財産か？

この制限は、企業が間接的に取得するすべてのデータを除外する。本来、ユーザーには、企業の指示に従っているすべてのプロセッサからデータを取得する権利があるとの見解もある。今日の個人データは、単一の事業者の元に留まることはない。最終的なＧＤＰＲ規則では、個人は第三者がそのデータを持っていることを知ったとしても、第三者が保持するデータの移植性の権利を持たない。

この制限には、元のデータから導出されたデータ（データ履歴に基づいて個人の病歴、またはプロファイリングを提供した人の健康分析など）も除外される。これは2013年のWP29の理想主義的答申――データ主体／消費者に意思決定（アルゴリズム）の論理に基づいた彼らの「プロファイル」へのアクセスを与えるべきであるという意見から後退した結果である。

これは正当な事業利益と個人の権利とのバランスをとる必要性から、現状ではおそらく避けられない制限だった。ビジネスの知的財産と付加価値は、企業のアルゴリズムがデータを巧みに活用することから得られるからだ。

しかし、制限はここで終わらない。個人データの処理に関わるほとんどの企業は、個人が個人情報を記入する場合、データの「提供」は、「データ主体が積極的かつ意図的に提供する」データとして解釈したいと考えている。「提供者のデータ」は、心拍数モニタ、ウェブサイト検索履歴、またはオンラインサービス上の取引などの個人の活動の観察から生じる。

欧州委員会は、WP29が「データ・ポータビリティ」をあまりにも広範に解釈し、彼らの「指針は立法プロセスにおいて議員の間で合意されたものを超えている可能性がある」

と判断した。当初データ・ポータビリティは、主にソーシャルネットワーク間の個人データの移転、つまり電話番号移転と同様な概念であると考えられていた。

上述のさまざまな問題は、GDPRが法廷での解釈を待つまで解決されない可能性がある。WP29の示すガイドラインには法的拘束力はないが、2018年に欧州のデータ保護委員会によって改変され、EU全体でのデータ保護法の適用の一貫性については、最終版のGDPRが法的責任を持つ。その法解釈は正当性を前提にしている。

個人データの「提供」と「奪還」をめぐる課題

「生産の源」という概念に基づいて、新しいデジタル経済の企業がさまざまな方法で個人のデータを取得できることを考えると、企業にとっての個人データとは、それを受け取ってからの観察、推論または予測による付加価値である。一方で、受信及び観察データはデータ主体から直接取得されるが、推論や予測の個人データ（たとえば、データマイニングを介して得られるもの）などは、企業が「生産」するという判断だ。

より具体的には、データ・コントローラがユーザーから「受け取る」個人データは、ユーザーによって活発に（しばしば自発的に）提供されたと解釈される。データ・コントローラが「観察する」個人データは、たとえば、クッキー、GPS、生データの単純な組み合わせなどによって取得されるもので、それらは元の個人データに付加された価値を生み、明示的に個人には開示されない企業秘密となる。

上記の解釈には、「データ・コントローラに提供されるデータ」の定義において「受信データ」のみが含まれる。広範な解釈では「受信」と「観測」の両方のデータが含まれているが、「提供された」という表現はより限定される。どちらのオプションについても、議論と反論がある。

制限的な解釈の別の議論では、データ・コントローラがデータの移植性を遵守する際の課題である。関連するすべてのデータ（メタデータ、位置データなど）を個人に返還することは、データ・コントローラにとって不都合で高価なリスクがあると主張される可能性もある。しかし、データ可搬性のこれらの「不合理なコスト」が具体的に存在すると仮定しても、それらはデータ・コントローラによって完全に履行されるべきであるという意見も根強い。同時に、そのようなコストが事業を行う権利を脅かすほど大きくなる場合は、GDPRでは移転権が権利と自由に悪影響を与えてはならないことを明確にする一般的な均衡条項（GDPR第20条（4））もすでに存在する。

この新しい権利の体系的な解釈をめぐっては、さまざまな課題と可能性が内在している。重要な点は、この新しい法的条項を機に、デジタル単一市場に関するデジタルユーザーの基本的権利や相互関係を可能な限り活用することである。現在、欧州委員会とEUは、GDPRを現実的に補完するためのプロジェクトを開始している。

オンラインで生成された個人データの保管、管理、使用方法をより詳細に制御できる新技術の探索と、アムステルダムとバルセロナでの都市実証実験を含む欧州委員会の資金提供プロジェクトが「分散型市民所有データ・エコシステム」である。

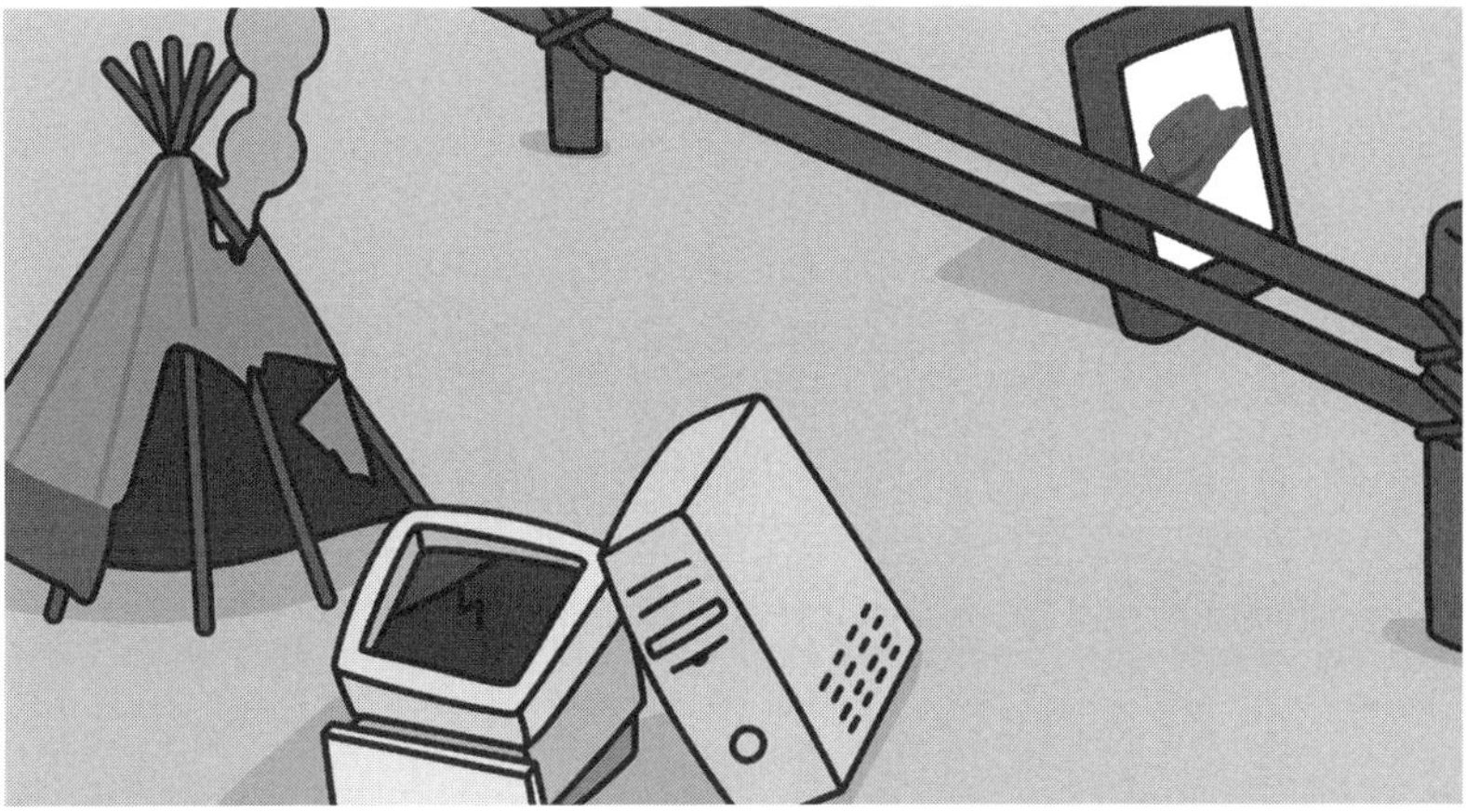

6「新たな西部」vs 欧州委員会

——DECODE（分散型市民所有データ・エコシステム）の挑戦

分散型ネットワークとして構想されたインターネットは、当初セキュリティやプライバシーを念頭に置いて設計されたものではなかった。エンドツーエンドの原則は、中央ガバナンスなしで情報の流れを可能にすることを意図していた。VRやインターネットの登場よって具現化した「サイバースペース」への初期の情熱は、ジョン・ペリー・バーロウの「サイバースペース独立宣言」にカプセル化された。EUの個人データ保護政策の集大成となるGDPR（一般データ保護規則）は、バーロウが追い求めた「サイバースペース」といまこそ共振している。

サイバースペースの先住民

産業世界を支配する政府たちよ、お前たちは肉と鋼鉄でできた脆弱な巨人に過ぎない。わたしは新しい精神の住処であるサイバースペースの住人だ。未来のために お前たち過去の人間に要求する。われわれに介入するな。お前たちは歓迎されていない。われわれにお前たちの権威など通用しないのだ。(1)

2018年2月7日朝、サイバースペースの理想を追いつづけたジョン・ペリー・バーロウ（John Perry Barlow）がサンフランシスコの自宅で亡くなった。70歳だった。長年バーロウが希求したサイバースペースの背後にあったアイデアは、1980年代以降のサンフランシスコを中心とした「魂の場所」で編成され、文化的ボヘミアンとシリコンバレーのドットコム新自由主義との融合を表現する「精神の自由」だった。
それは後に「カリフォルニアン・イデオロギー」(2)と揶揄され、カウンターカルチャーや

(1) John Perry Barlow, "A Declaration of the Independence of Cyberspace," Electronic Frontier Foundation, February 8, 1996: https://www.eff.org/cyberspace-independence

(2) Richard Barbrook and Andy Cameron, "THE CALIFORNIAN IDEOLOGY," *MetaMute*, September 1, 1995: http://www.metamute.org/editorial/articles/californian-ideology

サイケデリック、ジェファーソン主義や核戦争へのトラウマ、ヒッピーからデジタル・アルチザン、そしてヤッピー文化までを混成するハイパー仮想空間の集団的ビジョンとなった。バーロウは、このサイバースペースの「先住民」として際立つ存在だった。

バーロウとはじめて会ったのは1991年、オーストリアのリンツだった。ティム・リアリーとマーヴィン・ミンスキー、そしてジャロン・ラニアーを交えた「サイバースペース」をめぐるシンポジウムは、世界から結集したサイバースペース・フロンティアたちの決起集会の様相を呈していた。グレイトフル・デッドの作詞家で、ワイオミングの牧場主でもあったバーロウは、バンダナ・ネッカチーフとカウボーイハットのいでたちで、生涯そのスタイルを貫いた。それは西部開拓時代のカウボーイを彷彿とさせたし、同時に米国に登場したサイバースペースの先住民であることも表現していた。

彼はリンツの会議から5年後、1996年2月にクリントン政権が議会に提出した「通信品位法（Communications Decency Act）」に反対し、スイスのダボス会議の会場から、世界に轟《とどろ》く「サイバースペース独立宣言」(3)を起草した。

かつての西部開拓はネイティブ・アメリカンの資産略奪の歴史でもあった。バーロウのフロンティア精神に内在したのは、侵略者の野心を先取することであり、サイバースペー

(3) John Perry Barlow, "A Declaration of the Independence of Cyberspace," Electronic Frontier Foundation, February 8, 1996: https://www.eff.org/cyberspace-independence

スを制覇しようとする現前の敵を直視することだった。

サイバースペースと「新たな西部」

新大陸の「発見」は、欧州からの到達者の観点で正当化される。しかし実際は、先史時代からの先住民族が欧州からの侵略者や「ピューリタン」の野心を発見したときがアメリカの起源である。だからこそ、バーロウが宣言したサイバースペースの先住性は、あらかじめさまざまな巨人に侵略される運命を抱えていた。

事実、この20年で、バーロウの夢想したサイバースペースは、当初の理想とは真逆な世界を形成してきた。

ウェブ空間とは、一貫した全体性や秩序を持っていない。それは膨大なファイルの集積であり、ハイパーリンクで接続され連関づけられてはいても、それらを一望に監視するような近代的なパノプティコン（一望監視施設）、あるいはそれに相当する観点は原理的には存在しないと考えられてきた。これがウェブ・デモクラシーを支え、インターネットの中立性の基盤だった。

しかし、ウェブの本質は「ナビゲーション（航行）」と「入植」のメタファーであり、アメリカの西部開拓のごとく、無秩序から統治のシステムに向かうと指摘したのは、『ニューメディアの言語』[4]などの著作で知られるメディア理論家のレフ・マノヴィッチだった。彼はウェブ空間を「新たな西部」と呼び、グーグルやアマゾンのような一部の巨大企業が他の国家や企業に対して強力な権力を発揮するという「支配／従属」のモデルとみなし、それこそ西部開拓における「白人／先住民」モデルの再現だと指摘した。

確かにインターネットは権力の集中化と制御のための空間となってきた。「肉と鋼鉄でできた巨人」も世代交代し、スノーデン告発によって明らかになったように、サイバースペースが国家や企業によって制御・支配される運命をバーロウは先取してきた。

だからこそ、バーロウが書いたサイバースペース独立宣言には、征服者に対峙する先住民族の怨念までが反映されていたのかもしれない。これまで楽観的なリバタリアニズムと指摘されてきたこの宣言は、バーロウが電子フロンティア財団（EFF）の活動を通じて、インターネットを取り巻く資源略奪主義（Extractivism）と対峙してきた活動の起点だった。

(4) レフ・マノヴィッチ『ニューメディアの言語』（堀潤之訳、みすず書房、2013年）

インターネットの創成期、その後のシリコンバレーの新興企業の革命家たちに、グレイトフル・デッドの「フリー&シェア」の経済原理を教え、やがてインターネットが新たな「肉と鋼鉄の巨人」を生み出してしまうパラドクスを全身で受けとめてきたバーロウ。彼のめざしたサイバースペースは、次世代のインターネット精神にどう受け継がれるのか?彼の冥福を祈りたい。

不可視のデジタル・パノプティコン

いまやインターネットは、情報技術を通じて個人を体系的に監視することを可能にし、大規模な監視資本主義が実行される舞台となった。一方で、ユーザーのオンライン活動は常に透過的で無防備なまま、自己主権を有していない。情報サービスプロバイダはますます不透明な存在となり、新しいデジタル形式の「パノプティコン」を構築する。

かつてミシェル・フーコーが『監獄の誕生――監視と処罰』(5)の中で描いたように、刑務

(5) ミシェル・フーコー『監獄の誕生――監視と処罰』(田村俶訳、新潮社、1997年)

所の中央監視塔からすべての囚人を照らすサーチライトは、常に監視者の存在を可視化することで、囚人たちの内面――絶望や社会厚生への意識さえも支配した。

現代のパノプティコンは、中央の監視塔や監視者の存在をブラックボックス化し、スマホの画面と日々向かいあう自己の鏡像下に、巧妙な「監視」の主体が隠されている。意識的で永続的な収容を誘導する可視性（監視塔と光線）ではなく、不可視なアルゴリズムが権力の自動監視機能それ自体を覆い隠しているのだ。

カナダのメディア学者マーシャル・マクルーハンはかつて次のように述べた。「ただのちっぽけな秘密は保護を必要とする。大きな秘密の発見は、人々の公共的不信感によって匿《かくま》われている」と。

欧州委員会の調査によると、インターネットユーザーの67パーセントは、企業の個人データの使用方法に懸念を感じると答えたが、実際のオンライン行動は同じ感情を反映していない。ユーザーの約75パーセントがソーシャルメディアサービスの利用規約を読むことなく同意しているからだ。

現代のパノプティコンという大きな秘密は、わたしたちの公共的な不信感で匿われ、プライバシーという「ちっぽけな秘密」が保護される。依然、大きな秘密は不可視なままである。

「フリー」を促進したのは個人データの錬金術だった

ウェブサービスの多くは、無制限に無料（フリー）で利用できるものだと誰もが思ってきた。ウェブの初期段階では、ユーザーは無料で情報、ジャーナリズム、音楽、ビデオ、及びそれ以降のソーシャルメディアにアクセスすることが当然だった。

これらのサービスが成長するにつれて、一部のIT企業では、ユーザーに前払いを要求せず、資金調達手段を見つける必要もなくなった。インターネット経済は、サービスに無料のアクセスを提供するが、サービスを利用する人々の個人データを蒐集し、莫大な収益を生み出す一連のビジネスモデルを成熟させた。これは主にウェブサイト・ユーザーのデータ（場所、年齢、社会的情報、過去の閲覧履歴、環境設定など）を活用して、収益化の機会にたどり着いた結果だった。

普及しているインターネット・サービスに無料でアクセスできるということは、厳密には事実ではない。誰もグーグル検索を使用する際や、フェイスブックに登録したときにお金を支払うことはないが、ユーザーは実際には異なる通貨、つまり彼らの個人データで支払っているからだ。

インターネット経済を駆動する手段として、個人データは重要な価値を持っている。たとえば、米国とカナダのフェイスブックユーザーのひとりから得られる平均収益は、2016年に62ドルだった。これはフェイスブックの各ユーザーが自分のデータを使って年間62ドルを稼ぐということではない。

フェイスブックはデータを蒐集して広告を表示するためのインフラに投資する必要があるが、この平均62ドルという金額こそ、個人データという商品がインターネット経済でどれほど価値があるかを示している。欧州委員会は、2020年までに、欧州市民の個人データの価値は、欧州市場だけで1兆ユーロ（約132兆円）に達すると予測し、その額はEUのGDPのほぼ8パーセントにあたると予測している。

米国のインターネット巨人が「無料」を継続しつづける理由は、個人データ蒐集のからくりだけではない。ユーザーへの非課金こそ、反トラスト法の断罪を逃れる手段であり迂回路だからだ。

つまりサービスの価格変動は寡占企業が支配するという、独占禁止法の訴求を逃れるためにも「無料」が重要なのだ。

EUが主導する個人主権データ経済

DECODE[6](分散型市民所有データ・エコシステム)は、個人データをシリコンバレーのIT巨人から取り戻し、データ主権を個人にもたらすための欧州委員会のプロジェクトである。

このイニシアチブは2017年にスタートし、「Horizon 2020プログラム」[7]の一環として、14のコンソーシアムメンバーに500万ユーロ(約6億円)の資金が提供される。今後3年間、革新的なアイデアを育て、公平な競争力の基盤となるインターネット環境を再創造するために、将来使用可能な新技術を開発、標準化に向けての実証実験をめざしている。

(6) https://www.decodeproject.eu/

(7) https://ec.europa.eu/programmes/horizon2020/what-horizon-2020

DECODEは、人々のプライバシーを保護し、個人にデータの所有権を与えることを約束する。それは、どのような目的のためにデータを使用するのかを、個人が制御する新しいテクノロジーを生み出す。これにより、DECODEは新しいデジタル経済エコシステムをつくり出し、とくにデータの保管と共有のための民主的モデルの実現をめざしている。これらの新技術は、アムステルダムとバルセロナで実証実験され、政府は、企業や市民の個人データのニーズを展望するための具体的な指針を入手する。

DECODEプロジェクトは、EU全域の研究者、政策立案者、プログラマーを集めることに重点を置いている。欧州のトップ・マインドを結びつけることにより、ブロックチェーン技術、IoTデバイスやAIを組み合わせ、現在インターネットを支配するデジタルサービスの代替手段を探求する。

DECODEは個人データ経済の構造を再定義し、デジタル経済の競技場を平準化する。それは、欧州の新興企業がグローバル競争に参入するための大きな機会を創出する。AI、フィンテック、データマイニングなどの新興分野の進歩にとって、新たな個人データセキュリティに基づき構築されるサービスは、「新たな西部」に拠点を置く潜在的なIT巨人よりもはるかに高い優位性を提供する。

このプロジェクトは、「Me, my data and I:個人データ経済の未来」(8)と題された主要な報告に由来する。フェイスブックやグーグルのようなIT巨人が採掘し所有してきた個人データ基盤や、それに伴う資源略奪主義や監視資本主義の問題点を説明するだけでなく、そこには変革に向けた具体的な未来が描かれている。

「2035年には、大多数の人々が独自の個人情報ポータルを持つだろう。それらは事実上、自宅に置かれている小さなサーバー、または自分の個人情報をすべて格納している安全な場所だ。これにより、このデータの使用方法を自ら制御できるのだ」

家庭内に設置されるサーバーの代わりに、個人用のデータをすべてクラウドに格納することもできる。複数のサーバーファームに断片化して散在させることで、セキュリティと復元力は強化される。

しかし、何より重要な要素は、個人データが常に個人の管理下にあることだ。その前提により、多彩なインターネット・サービスは、制御された正確な方法でそのデータの一部にアクセスすることが許可される。

(8) "Me, my data and I: The future of the personal data economy," September, 2017, https://www.nesta.org.uk/sites/default/files/decode-02.pdf

重要な情報は、特定の状況（たとえば、医療緊急時の健康データ）でのみ公開されるように、個人データストアにＡＩを組み込むこともできる。DECODEはこれらの「スマートルール」を構想する。

さらに興味深いアイデアは、このスマートルールをブロックチェーンのような分散型元帳技術と組み合わせることである。

個人データサーバーとブロックチェーン

DECODEの場合、元帳はユーザーがスマートルールとして個人データに添付するアクセス許可で構成される。これらのルールを公開された分散元帳に保存することで、スマートルールは、（データがどこにあるか、誰がアクセス権を持っているかを示す観点から）非常に透過的であり、改ざんの可能性もなくなる。

分散元帳の重要な特徴は、ウェブ上でより公正なデジタルアイデンティティ・システムの基礎的なプロトコルを提供できることだ。デジタル通貨の適用以外にも、分散元帳は、透明性、オープン性、ユーザー同意のための新しい一連の技術標準を提供することができ、その上にはまったく新しいサービスが構築される可能性がある。

個人が確実に自分のデータを管理することで、コミュニティによって管理され公共の利益のために利用できる「データ・コモンズ」も創出される。これにより、個人データの自発的集約という別の可能性も開かれる。このアイデアは、データドナーによるコミュニティが、ブレンドされたさまざまなデータの使用方法に関する全体的なルールにも同意するという可能性だ。

人々は、自分のデータがどのようにアクセスされ、分析されているかを他の人と結びつけて参照できるので、これまで自分の制御下になかった高度な個人情報の使用にも、今日よりも許可を与える可能性が高くなる。したがって、個人データサーバーへの移行は、重要なデータを解放し、デリケートな医療情報やゲノム情報をはるかに幅広く使用することにもつながる。

DECODEは、企業が個人データの独占権を放棄した場合、予想外の利点があることも示唆している。2018年5月25日に施行されたGDPRでは、個人データ保護に違反した企業に、グローバル売上高の最大4パーセントという厳しい財政罰が科せられる。

DECODEは、EUで活動する企業が膨大な個人データを保持するリスクは、GDPRの発効下において甚大であると考えている。代わりに、情報を必要とする企業に適切な権限を付与する個人データサーバーがあれば、GDPRや同様の規制がもたらすリスクに晒されず、企業は個人データの大部分を運用することができる。

個人データをめぐる企業と個人の共栄

個人が自らの意思で、企業に個人データを提供できる基盤整備こそ、GDPRという立法だけで実現できない、現実に即した個人データ経済の未来なのだ。それが、DECODEプロジェクトの核心である。

これは、人々の個人データをコントロールしたい企業と、プライバシーを尊重したい個人との間に、現在の緊張が解消される可能性を示唆している。

個人データがデータブローカーに所有され、その使用範囲すら明示されないブラックボックス化や不当なユーザー監視が排除され、企業と個人との信頼関係が取り戻せるなら、消費者は単なる受動的な存在ではなくなる。ターゲット広告に満足し、より精度の高い広告やＡＩからのアドバイス、さらには企業からの報酬を望む消費者は、自ら進んで個人データ（趣味嗜好から行動履歴）を企業に提供するだろう。自己主権アイデンティティに基づく「意思の経済」(9)は、思いのほか早期に実現される可能性がある。

DECODEの運営チームは、個人データをオンサイトで保持することの企業のリスクをなくし、企業が個人データサーバーにアクセスすることで得られる企業側の恩恵を強調する。そうなれば、企業は個人データの取得の公平さや透明性を担保しながら、個人の積極的なデータ運用の新しいアプローチに同意すると考えている。もちろんＧＤＰＲを遵守し、個人データが積極的に企業に集約される仕組みや個人への報酬分配の方法など、さまざまな課題解決もDECODEの使命である。

これらのアイデアを実践するために、DECODEプロジェクトは２０１８年に４つのパイロットプログラムを開始する。今後２年間にわたって、共有経済、モノのインターネット、ＡＩ、デジタルデモクラシーの取り組みなど、各分野で新しい技術とプラットフォー

(9) ドク・サールズ『インテンション・エコノミー』(栗原潔訳、翔泳社、2013年)

ムが開発される。

インターネット第二幕へ

DECODEは単なる楽観的なビジョンではない。最近の「Equifax災害」[10]のような大規模なデータ漏洩や、フェイスブックが米国の選挙中にロシアのトロールファームに広告を売るなど[11]、非常に疑わしいビジネス取引に個人情報が使用されているという認識が高まるなかで、企業そのものの社会的価値を保護する使命も強調している。

DECODEプロジェクトは、インターネット経済の原資である個人データを、ユーザーの自己主権と企業の公正利用の両立という観点で捉えている。GDPRの発効により、世界一厳しい個人データやプライバシー保護の環境が整うことはデジタル経済の重荷や足かせではない。GDPRがめざすインターネット第二幕とは、バーロウの「サイバースペース独立宣言」に先立つ1995年段階にインターネットをリセットすることだ。

(10) Rick Falkvinge, "Equifax, yet another catas-trophic leak: the old world can't get away with this stuff anymore," September 11, 2017: https://www.privateinternetaccess.com/blog/2017/09/equifax-yet-another-catastrophic-leak-old-world-cant-get-away-with-this-anymore/

これにより、EU／EEA域内、世界のプライバシーフレンドリー企業や個人データ経済のイノベーターたちを後押しする環境が創出される。これこそが、GDPRの意義となる。その中で、現在のGDPRの法的制限を超えて、将来の個人データ経済の柔軟で具体的な方向性を操舵するパイロットプロジェクトがDECODEであり、今後2年間で個人データ経済の重要な見取り図が示されることが期待されている。

これらの開拓は、個人データが保護され、不当に取引されない未来を展望する。「新たな西部」のIT巨人ではなく、プライバシー保護をデフォルトとする欧州や世界の新興企業の繁栄こそ、欧州委員会がめざす直近のシナリオである。これを受けて、EU／EEA域外の企業、とりわけ日本企業はGDPRとどう向かいあうべきなのか？

GDPRをEU市場での重荷と見るか、重要なビジネスチャンスと見るかでは、法務対応のみならずEU経済環境との関わり方も大きく異なる。グローバルブランドから新興企業に至るまで、いまやGDPRアセスメントと個人データ保護企業という「信頼」の獲得は、企業活動の足元を整える最重要な案件である。

(11) Carol D. Leonnig et al., "Russian firm tied to pro-Kremlin propaganda advertised on Facebook during election," *The Washington Post*, September 6, 2017: https://www.washingtonpost.com/politics/facebook-says-it-sold-political-ads-to-russian-company-during-2016-election/2017/09/06/32f01fd2-931e-11e7-89fa-bb822a46da5b_story.html?

7 データ・ウォーズ――自己主権の覚醒

ロシアの関与が疑われていた英国に本拠を置くデータ分析会社「ケンブリッジ・アナリティカ」が、2016年の米大統領選挙中にフェイスブックを経由して8700万人の個人データを不正に入手していたことが内部告発された。入手したデータの利用目的は、フェイスブック・ユーザーをターゲットにしたフェイクニュース配信による巧妙な洗脳だった。この一大スキャンダルによって、GDPRは一夜にして世界のデータ戦争に立ち向かうヒーローに押し上げられている。

ロシア革命から1世紀、新たな冷戦へ

1917年11月7日、レーニン率いるボルシェビキ（後のソ連共産党）によるロシア革命が勃発した。その日から100年の経過を問う「1917年、革命、ロシアと欧州[1]」と題された秀逸な展覧会が、ベルリンのドイツ歴史博物館[2]で開催された。1917年の革命と内戦は、ソビエト社会のあらゆる分野に根本的な変化をもたらし、欧州や20世紀の世界にも劇的な影響をもたらした。

新しい形の経済、教育、文化が生まれ、社会主義国家の建設は、芸術家や文化のあらゆる領域で働く人々をも鼓舞した。しかし、この新しい社会の試練は、最初からテロ、暴力、抑圧を伴っていた。1989年のベルリンの壁崩壊、そして1991年のソ連崩壊に至るまで、長い冷戦が世界に及ぼした影響は、未だに払拭されてはいない。

ソ連によって率いられた社会主義独裁体制に対して、米国が率いる西側の資本主義は、

(1) 1917. REVOLUTION. RUSSLAND UND EUROPA, https://www.dhm.de/fileadmin/medien/relaunch/ausstellunngen/1917._Revolution/SH_DHM_Revolution_Flyer_170927_1_Web_1_.pdf

(2) http://www.dhm.de/en.html

民主主義や自由主義を巧みに取り入れて成長した。ふたつの異なるイデオロギーは、地球の陸海空のさまざまな舞台で互いに競合したが、この闘いの結果は、戦場でも武力でもなく、西側の潤沢な生産消費能力の勝利だった。拡大する中産階級に家電、TV、クルマ、そして政治的な自由を提供することで資本主義が勝利した。最終的には、市民に最大限の利益をもたらした社会に軍配が上がった。

新しい冷戦は、現代の新たな「通貨」である個人データの主権と管理をめぐる戦いだ。互いに敵対するのは、個人が自身のデータを管理する絶対的な権利を持っていると信じ、自分の身体や財産と同様の自己主権を行使すべきとする社会と、「プライバシーの死」を納得させる無料のサービスで個人データを蒐集し、バックドアのマーケットによって監視資本主義を積極的に是認する社会との非対称性である。

20億人に及ぶ世界の個人データを蒐集し、莫大な富を築くソーシャルネットワーク経済は、共産主義独裁と自由（無償）主義経済の混成のように思えてくる。ロシア・マネーによるフェイクニュースの主戦場とされたフェイスブックは、共産主義の理念が投影されたサイバー空間だったのか？

異なるふたつのイデオロギー

ＧＤＰＲはＥＵ各国の異なるデータ保護ルールを調和させ、ＥＵ市民のデータ主権を尊重する。企業がデータ保護に違反した場合、厳しいペナルティに直面する。ＥＵ市民はデータの使用方法に明示的な同意を提供する代わりに、自らのデータにアクセスし、運搬する権利と「忘れられる権利」を保有する。反対側のコーナーには米国のＩＴ巨人たちがいる。彼らは莫大な企業利益のために世界中の個人データを巧妙に蒐集してきた。その「ファウスト的取引」は、これまでほとんどチェックすらされてこなかった。

データの管理を個人に委ね、企業の支配を終わらせるというイデオロギーは、現在の「心地よさで満たされた」デジタルライフ以上の利益を消費者にもたらすのか？　それとも個人データの気前のいい提供が、より優れたデジタルサービスを導くのか？

個人データに関わる異なるイデオロギーは、互いに長期に及ぶ支配力を行使することはできない。商取引がグローバル化するにつれ、対立するイデオロギーの共存は困難となる。個人データは、あまりにも容易に国境を越えるからだ。果たして個人（市民）に最大限の利益をもたらすのはどちらの社会なのか？

２０１８年5月25日。この日に全面施行されたＧＤＰＲがいかに歴史的な変革を担う立法であるかを、これまで世界は十分に認知してこなかった。ＧＤＰＲが施行される直前には、ＥＵのアプローチが支配的になるという証左が増加している。この支配力のひとつの尺度は、ＧＤＰＲと密接に整合する法規則を採用する各国の動向であり、世界中の国々がＥＵのデータ保護基準の卓越性を認識するスピードである。

データ保護標準の「妥当性」をＥＵが公認する国の数も着実に増えている。韓国と日本は近いうちにＥＵの「十分性認定」リストに加わる可能性が高い。日本－ＥＵ経済協定（ＥＰＡ）の交渉妥結[3]に伴い、重要となるのは日本の個人情報保護法のさらなるアップデートである。欧州連合の委員であるベラ・ヨウローバは、「プライバシーは私たちの最優先事項だ」と語る。[4] ５億人のＥＵ経済市場に参入し利益を享受する企業は、ＧＤＰＲの遵守が必須である。

しかし、ＥＵの正当性が評価されているにもかかわらず、強力な反対勢力が個人データ

(3)「日EU経済連携協定（EPA）に関するファクトシート」、2017年12月15日：http://www.mofa.go.jp/mofaj/files/000270758.pdf

(4) Mark Scott and Laurens Cerulus, "Europe's new data protection rules export privacy standards worldwide," *POLITICO*, January 1, 2018: https://www.politico.eu/article/europe-data-protection-privacy-standards-gdpr-general-protection-data-regulation/

を自由に取引する企業の地位を後押しする。第一に、米国企業の多くは、大きな変化を望んでいない。フェイスブック、グーグル、アマゾンなどのデータ大手の経済力は、無料のサービスを受ける代わりに無償でデータを提供する個人に基づいている。『ニューヨークタイムズ』紙は、「消費者データの利用を抑制すれば、広告でサポートされているインターネットのビジネスモデルが危険にさらされてしまう」という企業幹部の警告[5]に耳を傾けている。

第二に、米国議会の議員たちは党派闘争に巻き込まれるのを嫌い、米国のデータ保護政策を根本から改正するだけの圧力に欠けている。何よりフェイスブックやグーグルの分割国営化をまともに推進する議員が登場するかも疑わしい。彼らにとってソーシャルネットワークは選挙を勝ち抜く最強の武器だからだ。

(5) David Streitfeld, Natasha Singer and Steven Erlanger, "How Calls for Privacy May Upend Business for Facebook and Google," *The New York Times*, March 24, 2018: https://www.nytimes.com/2018/03/24/technology/google-facebook-data-privacy.html?mtrref=www.google.de&gwh=2E355463E5C68AA99455CCA93B9145B8&gwt=pay

データ・スキャンダルの洗礼

しかし、ケンブリッジ・アナリティカの内部告発によるフェイスブック・スキャンダルを受けて、状況は大きく動いている。アップルのCEOティム・クックは、フェイスブックやグーグルによる顧客の個人データを収益化するビジネスモデルを痛烈に批判した。彼は「あなたについて学び、それを収益化しようとするすべてのものにうんざりしている」と述べ、「わたしたちのプライバシーは人権であり、市民の自由である」と表明した。(6)

クックは現在、消費者から蒐集された膨大な量の情報に目を向け、誰がそれをどう利用しているのかを懸念しており、フェイスブックのビジネスには自己規制を超えた強制的な規制が急務だと指摘した。

クックの最大の悩みは、シリコンバレーの没落である。かつて新興企業の聖地だったシリコンバレーには、いまや次のフェイスブックをめざすようなCEOは誰ひとりとして現

(6) Julia Carrie Wong, "Apple's Tim Cook rebukes Zuckerberg over Facebook's business model," *The Guardian*, March 28, 2018: https://www.theguardian.com/technology/2018/mar/28/facebook-apple-tim-cook-zuckerberg-business-model

れていない。グーグルとフェイスブックというデータ資本主義の巨人が、データのみならず、自らの糧として新興企業を買収してきたからだ。だが、この現実こそ、データ資本主義に突き進んだＩＴ巨人たちの「余命宣告」と重なっている。

すべてが変わるかもしれない。フェイスブックのデータ・スキャンダルは、世界中のメディアや市民による責任追求を加速させ、それは頂点に達している。これは「週刊誌スキャンダル」のニュースサイクルとは異なる深刻さを提供している。英国のＥＵ離脱やトランプ大統領選への不信感は、投票者自身の心理的動揺を反映しているし、何より民主主義がファンタジーでしかないからだ。

この事件が「#DeleteFacebook」(7)の流れをどこまで拡大し、法的な制裁や深刻な改革につながるかどうかは不明である。しかし、ＧＤＰＲの施行を目前に、データ戦争の行方に光がさしている。これから起こる出来事がキューバのミサイル危機や、ベルリンの壁崩壊のようになるかは不明である。いずれにしても、わたしたちは歴史上重要な瞬間に立ち会っている。市民に個人データの主権を委ねる体制の勝利はほぼ確実である。

(7) Daniel Oberhaus, "How to Delete Your Facebook Account," *MOTHERBOARD*, March 20, 2018: https://motherboard.vice.com/en_us/article/a3yz9k/how-to-delete-your-facebook-permanently

データ・ウォーズ

8700万人の個人データを利用すると、英国の命運や米大統領選の投票行動を意図的に操作できるのか？

最先端のデータマイニングは、高度な認知心理学を実装した政治的洗脳ツールだった。

2018年5月25日を静かに待つだけと思われたGDPRの幕開けに嵐が到来した。

新たな冷戦である「データ・ウォーズ」を告知する大作映画の予告編を観るかのように、人々はGDPRに着目しはじめた。英国民の選択したEU離脱もトランプ大統領の誕生も、悪魔による有権者の心理誘導の結果だったとすれば、これまで自身の個人データやプライバシーを惜しげもなくグーグルやフェイスブックに提供してきた寛容な市民たちも、今回のスキャンダルには即座に反応した。20世紀の冷戦時代の残影と思われた集合監視と洗脳を、身をもって経験したからである。

GDPRを対岸の火事と思っていた人々が、欧州のデジタル社会改革に強い関心を抱きはじめた。欧州議会はGDPRの「ワールドプレミア」を祝い、ブリュッセルのEU議会場にレッド・カーペットを敷き詰め、エドワード・スノーデンやケンブリッジ・アナリティカの内部告発者となったクリストファー・ワイリーら(8)を招き入れてもおかしくはない。

トランプ政権が仕掛ける関税貿易戦争やロシアの非核最先鋭兵器の脅威が誇示され、朝鮮半島の非核化なるものが中国の一帯一路の戦略拠点になりえても、世界全体では歴史上かつてない静かな冷戦が本格的に開戦することになる。個人データとその集合知と目されるAI(人工知能)こそ、現代の冷戦を加速させる「武器」となる。この全容解明に関わるのが、EUの先導するデータ戦争である。

GDPRアセスメント

GDPRを武器に、企業はいまこそ行動する必要がある。2017年2月の段階で、多

(8) Carole Cadwalladr and Emma Graham-Harrison, "Revealed: 50 million Facebook profiles harvested for Cambridge Analytica in major data breach," *The Guardian*, March 17, 2018: https://www.theguardian.com/news/2018/mar/17/cambridge-analytica-facebook-influence-us-election

くの企業はＧＤＰＲへの対応の遅れを表明していた。ＤＭＡ（Direct Marketing Association）[9]の調査よると、英国内のデータ駆動型ビジネスのマーケティング担当者の26パーセントは、ＧＤＰＲのための法務対応ができていないと考えており、２０１８年5月の施行日に間に合うと信じている企業は68パーセントだった。しかし、先のフェイスブック・スキャンダルは、個人データを扱う世界の企業に絶大な警鐘を鳴らし、ＧＤＰＲアセスメントへの認識は急速に高まっている。

個人データの記録、アクセス、保守の面には多くのプロセスがあり、ＧＤＰＲに準拠していない企業はブランド価値の損失と同時に、法的責任と巨額な制裁金を負うことになる。ＧＤＰＲアセスメントは、データポリシーの最適な改訂、監査などの数多くの負担となるにもかかわらず、企業活動への影響を一歩踏み込んで大きなイメージで見れば、実際には逆の効果がある。

ミュンヘンに本拠を置くＧＤＰＲアセスメント支援企業エノバイト（Enobyte）[10]の代表ヘルマン・グンプ氏は、日本企業がＧＤＰＲにどう向かいあうべきかを総合的に支援する。ＥＵ内で最も厳格な国内法を有するドイツを起点に、ＧＤＰＲ準拠やＥＵ市場を考えることは賢明である。

(9) "One in four businesses still unprepared for GDPR," DMA, February 14, 2017: https://dma.org.uk/press-release/one-in-four-businesses-still-unprepared-for-gdpr

(10) https://enobyte.com/

EU／EEA域外に本社を置く企業（日本企業など）であっても、以下のいずれかの活動を行っている場合は、GDPR遵守義務の対象となる。

1. EU加盟国に物品／サービスを提供している。
2. EU加盟国居住者の行動をトラッキングしている。
3. EU加盟国内の個人から生成された何らかのデータを取り扱っている。

自社がGDPRの対象となる場合、自社のコンプライアンスがGDPRの要件をどこまで満たしているかを確認するための評定ツール「GDPRアセスメント」[11]をエノバイトは提供しており、公認データ保護責任者（DPO）によるフルコンサルテーションやGDPR基準とのギャップ分析やリスク対応を支援している。

グンプ氏が日本企業へのアドバイスで強調するのは、GDPRをEU最大のビジネスチャンスであると指摘している点である。

1. クライアントはセキュリティ対策のため、GDPR未対応の企業よりGDPR準拠

(11) https://enobyte.com/gdpr-toolbox/assessment/

の企業との取引を優先する。

2. GDPRに準拠することで、自社のデータやネットワーク・セキュリティが強化され、サイバー攻撃を回避することができる。

3. GDPRは欧州経済圏（EU／EEA）全域で適用されるため、欧州進出がより容易となる。

4. 義務を怠った場合の制裁金（2000万ユーロ以下、または全世界年間売上の4パーセント以下のうちいずれか高いほう）を回避できる。

企業規模や業務内容によっては、GDPRに適合させる対応には時間がかかるケースもある。

まず重要なのは、自社のデータフローを確認し、データマッピングを掌握し、データ保護のエビデンスを確保することである。

そのうえで、たとえば日本企業のEU駐在所や支社の活動をGDPRとすりあわせ、EU／EEA域内のISO27001認定データセンターなどのクラウドサービスを導入することなどが急務となる。

だが、実際のところ最も重要な観点は、GDPRは法務対応だけにあるのではないということだ。

GDPRの潜在的な可能性

現時点で、多くの企業はGDPRを厄介な法務上の「問題」として捉えている。企業はより多くの作業負荷を設定しなければならず、GDPRは重荷であると認識する。日本でもJETROによる詳細なGDPR対応指針[12]をはじめ、海外法務専門の法律事務所、さらにはコンサル会社などが、GDPRへの法務対応を日本企業に迫る。そのほとんどが、法務対応である。

GDPRは悪法でも法外な規則でもない。重要なことは、この規則による前進的な可能性を長期的な観点から熟考してGDPRに対応することである。だから、GDPR準拠を法務部門だけに任せるのではなく、これからの企業活動の根幹に作用する可能性として捉

(12) https://www.jetro.go.jp/world/reports/2016/01/dcfcebc8265a8943.html

えることが肝要である。顧客の個人データと関与しない企業はまず存在しないし、行政や非営利組織においても、個人データとの関わりは必須である。

ＥＵ／ＥＥＡ域外の企業であっても、ＥＵ／ＥＥＡ域内の個人データと関与する企業はもちろん、遠く日本国内の企業であっても、近い将来、個人データ保護文化の激流から身を潜めることは不可能である。実際にＧＤＰＲは、顧客から提供されるデータの使用方法と照合方法を「リセット」する機会を企業に提供する。それは個人データの新しい考え方の採用を促し、より信頼と透明性をもたらすのだ。

それは最適化されたビジネス・プラクティスとデータ保護に基づく意思決定を可能にする。もちろん、これを実現するには相応の準備が必要だが、それ以上に、２０１８年5月のＧＤＰＲ対応準備が整うだけにとどまらない有効性がある。将来的に起こる法律上の変更についても、とくに消費者情報を参照するためのデータソースと新しい方法がますます増えるなか、ＧＤＰＲを「データブロッカー」とみなすのは大きな間違いである。

ＧＤＰＲを将来の公正なデータ経済への道筋として考える必要がある。ＧＤＰＲの結果、今後数年間で、顧客（ユーザー）は自らのデータの完全な管理を開始することが可能となり、企業がいつ、どのように個人データにアクセス可能か否かを仲介する主権は顧客自身となると予測されている。かつてドク・サールズが予見した「顧客の意思が支配する経済」、インテンション・エコノミー(13)は思いのほか早く実現することになる。

彼ら（顧客）は好きなときにいつでもデータをオン／オフすることができ、徐々に自身のデータを自己主権化していく。ブランドへの信頼が高まれば、そのビジネスに顧客自らがアクセスしてデータを提供する。この主客の変化により、企業は個人データを安心して蒐集、使用できるようになる。

顧客にとって、この状況変化は利益の実感でなければならない。企業はこのプロセスを尊重し、顧客からのバイインを獲得するために、信頼を得るためのサービスの創出が必要である。

個人データの自己主権

ＧＤＰＲを受け入れ、顧客に彼らのデータを使用する理由と方法の価値を明示し、顧客

(13) ドク・サールズ『インテンション・エコノミー』（栗原潔訳、翔泳社、2013年）

に完全なコントロールを与える企業は、次代の勝利者となる。GDPRには技術的課題がいくつもあるが、近い将来、データ交換のプロセスは簡易化され、データはスマートに行き来する。企業は製品やサービスを改善し、サービスをより効率的にして顧客を満足させ、よりよい顧客体験を創出できるようにするためのデータ価値交換が本格化する。

顧客が自らのデータからの「利益」をいかに実感できるかは、個人データを顧客が積極的に企業に提供する際の「自己主権モデル」の核心である。

GDPRを念頭に置き、ポジティブで長期的なメリットについて考えてみると、この規則のさらに遠方まで、よりスマートな計画を立てることができるようになる。

ここでは、留意すべき観点をいくつか紹介する。

顧客をビジネスの中心に置く

顧客主権をビジネス戦略として位置づけることは、これからのデータ経済に不可避な主軸である。これを可能にするために必要となるデータの範囲とその理由を明確にする。ビジネス主体が個人データの潜在的可能性を理解し、顧客がデータへのアクセスとデータの使用を企業に許可する「価値交換の動機」を企業が提供することを確認する。

GDPRを刺激として活用し、顧客と企業の双方に透明性があることを確認し、すべての関係者に実質的な利益をもたらす、一貫性のあるデータ使用法を創出する。

スマートデータによるスマートな意思決定

どのようなデータを共有して使用するかを顧客自身がコントロールできるようになることで、企業は蒐集するデータの幅と深さに関わるリスクを減らすことができる。

よりスマートでよりオープンな方法で、最小限必要なデータだけを使用することで、リスクを軽減し、より効果的な製品開発、改善された顧客エクスペリエンス、より関連性の高いマーケティングを通じてビジネスの成長を実現する。

データがビジネスに有効であるというメリットを顧客自身が認識することで、信頼とデータのアクセシビリティの両方が向上するはずである。

データ経済の民主化は可能か?

顧客のデータにアクセスすることは企業にとって「特権」である。データ保護は、ガバナンス・プロセスを明確にし、確実に遵守しなければならない。データの保存と使用、設定された手順とアクセスレベルは、明確なセキュリティ・ガイドラインと事故復旧機能を備えた安全な方法で行われなければならない。ユーザーから企業内のすべての担当分野にわたる責任を明確にし、データの使用、所有権、アカウンタビリティを民主化する。

「わたしたちの新しい憲法は現在確立されており、永続性を約束する外観を持っています。しかし、この世界には、死と税金を除いて何も確実なものはありません(14)」

(14) Benjamin Franklin、1789年Jean-Baptiste Leroyへの手紙

これは、米国建国の父と称されたベンジャミン・フランクリンの言葉である。「Death（死）& Tax（税金）」の宿命から逃れたい欲望は、ポストヒューマンやトランスヒューマンの言説が導く不老不死のファンタジーに帰結する。肉体を離れ、自我や意識をサイバー空間にアップロードして生きつづけると主張する人々には、再度「死と税金」以外確実なものはないと伝えよう。

ＧＤＰＲも、21世紀のデジタル生活で受け入れなければならない確実性のひとつである。企業は自分たちの運命を受け入れ、自らを適正な公器にすることができる。また、個人データ使用のアプローチを再定義し、ビジネスと顧客の価値を追求し、データ業界が長期的に健全であることを保証する触媒として、ＧＤＰＲを捉える必要がある。

２０１８年の春は、プライバシーが基本的な人権として守られた時代として未来に記憶されるのか？

あるいは、何年も続く膨大な制裁金訴訟や政治的圧力にもかかわらず、現状の監視資本主義が維持されつづけるのか？

個人データをめぐる異なるふたつのイデオロギーの内側には、21世紀の新たな冷戦が設定されている。従来の東西冷戦とはまったく異なるイデオロギーと地政学を明らかにしなければならない。ロシア革命から1世紀、21世紀のデータ冷戦を主導する3つの勢力を見ておく必要がある。

プライバシーをめぐる闘争の終局は、これから数年のうちに明らかになるはずである。

8 AIはプライバシーの夢を見るか？

国家の要件は、領土を含む領域の規定であり、国家は物理的領域と強く結びついてきた。GDPRはEU加盟国の国民や居住者を対象とし、EU／EEA域内の個人データとプライバシーを保護する。同時にこの立法は、EU市民のプライバシーを起点に、アルゴリズムの「指揮系統」はもとより、西洋と東洋、そしてデジタル・スフィア（digital sphere）の三体世界に影響を及ぼす。その先には当然、AI（人工知能）の「プライバシー」は保護されるのかという難問が待ち構えている。

三体世界

わたしたちは現在、「三体問題」の中を生きている。現代の三体問題とは、地理的な領域に制限されない西洋と東洋、そしてデジタル・スフィアの非対称性である。
これらの三体世界は、それぞれに非常に異なる「文明化」技術を基盤としているため、最も基本的なレベルでお互いと対話することが困難となる。

西洋（West）　アルファベット（alphabet）
東洋（East）　表意／絵文字（ideo/pictographs）
デジタル（Digital）　バイナリコード（binary code）

アルファベットは表意文字や絵文字とは異なるし、ましてバイナリコードともなれば、

この三体に相互の均衡はない。いわゆる三体問題とは、互いに万有引力を及ぼしあう天体（多体）の軌道方程式は解けないというものだ。「太陽と地球」「地球と月」のような2個の天体では「均衡理論」は成り立つが、「太陽と地球と月」というように、天体の数が3つ以上になると解くことはできない。物理学ではこれを「三体問題（多体問題）」という。

旧約聖書に登場する「バベルの塔」の物語によれば、人類はノアの洪水のあと、シナル（バビロニア）の地に煉瓦《れんが》で塔を建て、その頂《いただき》を天にまで届かせようとした。神はこれを見て、それまでひとつであった人類の言語を乱し、人間が互いに意志疎通できないようにした。この結果、人々は世界各地に離散した。「バベルの塔」は文明の背後に潜む人間の過信や傲慢さの象徴となってきた。

言語や文化の異質性にもとづく多様な文化集団が、独自のアイデンティティを維持しながら共存するという理念は、多様性からの均衡や創発という現代のイノベーション理論にも通じてきた。しかし、同化主義から文化多元主義、さらに多文化主義のジレンマが示すように、多様性（多体）の均衡問題の解決は困難となる。

経済学でいう①財市場、②貨幣市場、③労働市場など、社会全体がいつの間にか均衡するという「一般均衡論」も、実は「三体問題（多体問題）」である。同様に、西洋、東洋、デジタル・スフィアの三体活動の均衡も解明できない。一体であればその均衡を導けても、三体になると法則性は導けない。いまある市場が瞬時に崩壊し、競合の体に権益を奪われる出来事も頻繁に起こる。

サイバー国家へ

ルターの宗教改革から131年後の1648年10月24日、ドイツのヴェストファーレン州のオスナブリュックとミュンスターに、欧州各地から100以上の代表団が会合した。30年続いたカトリックとプロテスタントによる宗教戦争を終結させる条約が署名された。ヴェストファーレンの平和として知られるこの条約は、「国家の誕生」を告げるものだった。

この条約の成立により、皇帝や教皇のような超国家的な権力が、ヨーロッパ全体を統治する野心は事実上断念された。条約締結国は互いの領土を尊重し、内政には干渉しないと誓った。これ以降、対等な主権を有する諸国家が、勢力均衡と国益をめぐり、合従連衡《がっしょうれんこう》を繰り返す国際秩序が形成されていく。

それから370年後、デジタル技術は国家の状況を地理的制約からサイバー空間に転移させてきた。世界中の誰かとオンラインでゲームをし、ネットで5分以内に銀行口座が開設できるなら、税金の支払い、公共サービスの申請、選挙での投票も、物理的制約を超えたデジタル世界で実現できる。伝統的な雇用市場も変化し、国境に関係なく、24時間、世界中のどこからでもオンラインで作業ができる。このような労働市場の巨大な変化は、それに基づく新たな社会システムを希求する。

しかし、既存の制度や力学に挑戦するのは簡単ではない。インターネットのデータ環境を支配するＩＴ巨人が集中している米国と、政府の全体監視が強化される中国やロシアなど、インターネットは新たな冷戦や三体問題の中で揺れている。ビッグテックと政府のコントロールとの間で、市民の〝出口〟はどこにあるのか？

西洋の没落とデジタル・スフィアの台頭

19世紀に入り、大英帝国の成功に続こうとした西側諸国は、支配的なグローバル・パワーを望んでいた。アルファベット印刷機が権勢を誇示した植民地支配は、当初、中国、インド、その他の潜在的なライバルを完全に圧倒したが、被支配国は「電気」とつながった。西洋による支配のための闘争は、活版印刷を超えた「電報」の時代に変わり、瞬時な指揮系統を実現する世界戦争を生み出した。

英国、米国、ドイツ、ロシアは、世界全体を統合できるとした「アルファベットの西洋」を最終的に断念した。いまから100年前の1918年、オスヴァルト・シュペングラーは「西洋の没落」(1)を、ゲーテの有機的な形態学として予見した。「西洋は高度な文明をつくり、それを世界化するが、その世界化によって西洋は没落する」と断言したのがシュペングラーだった。

(1) オスヴァルト・シュペングラー『西洋の没落　第一巻　形態と現実』(村松正俊訳、五月書房、2015年)

100年後の現在、それは頂点に達している。グーグルの野心的な持ち株会社名「アルファベット」の由来は諸説あるが、バイナリコード（データ）によるアルファベット（西洋と人間情報）の統治と読むこともできる。

たしかに、西洋が生み出した科学や大都市、そして市場経済も、いまや世界化された。しかし、そのことが人々の安定した生活や道徳、人生の価値観などを支える地域社会（コミュニティ）を崩壊させてきた。デジタル金融技術がグローバル市場経済を混乱させ、移民の群れが国家を動揺させている。

不安を募らせる大衆は、ナショナリズムを台頭させた。ヨーロッパの「没落」でシュペングラーが見抜いたのは、経済の中心が「貨幣」となり、金融権力が世界化することだった。

ヨーロッパが生み出した資本主義は、グローバリズムに変異した。その中心にあるのが貨幣（金融）の力である。あらゆる産業も個人の生活も、そして、いまやプライバシーまでもが、デジタル形式の貨幣（金融取引）に置き換わり、データとして世界を駆け巡る。その過程で、西洋が意図していないふたつの体、すなわち新たな東洋とデジタル・スフィアが生まれた。

「リベラルな価値観」の虚構も崩れ、「ミーム」の世界も崩壊した。このカスケードは、西洋の没落を表徴した。Ｗｉｋｉの集合知（デジタル・マオイズム）(2)にはじまり、グーグルとフェイスブックによるデータ監視資本主義、そしてＲＰＡ（ロボティック・プロセス・オートメーション）へと至ったデジタル・スフィアの台頭は確実に世界を変化させてきた。

東洋の体とデジタル体の両方に対して、西洋には耐性がない。当然、これら3つの体は、地理上に限定されず地球を覆う。西洋の没落は、東洋とデジタルにとって絶好の機会となった。中国はダボス会議の議題を支配し、デジタル・スフィアはグローバル金融技術とデータ蒐集インターネットを武器に、現在、米国、カナダ、オーストラリア、スイス、キューバ、そしてサイバー空間を在宅拠点化している。一方、西側世界の一部は、究極のデジタル体であるＡＩと連合し、トランスヒューマニストが夢想する電子幻覚世界としての「バーチャル・リアリティ（実質上の現実）」に突破口を求める。

「トト、ここはカンザスじゃないわ。きっと虹を越えたのよ！」

現在の三体問題である西洋・東洋・デジタルの体は、人類史において先例がない。これ

(2) Jaron Lanier, "DIGITAL MAOISM: The Hazards of the New Online Collectivism," *Edge*, May 26, 2006: https://www.edge.org/conversation/jaron_lanier-digital-maoism-the-hazards-of-the-new-online-collectivism

までにこの3つの独立した力が他の世界的な支配力によって打ち消されたこともない。唯一、GDPRだけがこの三体に働きかけをはじめたのだ。

次なるインターネット

民主主義に及ぼすデジタル監視社会の深刻な影響や、インターネットのダークサイドが明白となり、アルゴリズムに制御されるデジタルアイデンティティのリスクも増大している。そんななか、かつて西洋の中軸だったヨーロッパが、公正で信頼に足る選択肢を求める市民に主権を渡し、ふたたび西洋の主役に躍り出るような理念と政策にたどり着いた。それがGDPRに内蔵された「西洋の復権」である。GDPRが包摂する社会とは、EU諸国の市民のみならず、東・西・デジタルの三体に深く作用するからだ。

次のグーグルやフェイスブックを再構築するのではなく、代わりに現状のグーグルやフェイスブックの代替サービスを分散型インフラストラクチャに転移すれば、GDPRに完全準拠するソーシャルネットワークが生まれるかもしれない。2025年までに、欧州委員会は現状の「壊れたインターネット」を廃棄し、より民主的で包括的な回復力に焦点を合わせたインターネットを再構築する。この野心的な新フラッグシップ・プログラムが次世代インターネット・イニシアチブ(3)である。

わたしたちはインターネットをほぼ仮想的なものとみなし、限界費用ゼロの相互作用を基盤とする非物理的な空間であると考えてきた。しかし、地球環境への影響は現実的なものだ。マイクル・クライトンの「恐怖の存在(4)」を念頭においても、ビットコインやイーサリアムのような暗号通貨のエネルギー消費は、この数か月の間だけでも莫大である。毎年、ビットコインの取引は、アイルランド一国よりも多くのエネルギーを消費しており、そう遠くない将来には、米国を追い越すことさえありうる。

インターネットに関連する他の環境フットプリントも考慮する必要がある。現在、EU内のデータセンターは、欧州のエネルギー消費のほぼ3パーセントを占めている。さらに世界中では、約5000万トンに及ぶ電子機器廃棄物が発生している。IoT革命が普及すれば、予想される数字はさらに増加する。

30年前の平均的な電子機器は約11種の稀少化学物質を使用していたが、今日のスマート

(3) https://www.ngi.eu/

(4) マイクル・クライトン『恐怖の存在(上・下)』(酒井昭伸訳、ハヤカワ文庫NV、2007年)

フォンには63種以上が含まれている。(5) インターネットの衰えのない成長は、地球環境に影響を与えるだけでなく、レアメタルに依存する限られた資源の欠乏を生む。それは現実世界の「成長の限界」に加え、大きな政治的紛争を招く可能性がある。

エストニアの電子住民

ケンブリッジ・アナリティカに端を発する個人データ・スキャンダルは、国家や国民というアイデンティティに疎外感を感じる人々を増大させた。福島の原発事故後にもかかわらず原発を再稼働させる国家の国民であることから逃れたいと思う人々にとっては、主権国家や国民国家でさえ、自身のアイデンティティとは相容れない。英国がEU離脱を決めたことで、アイルランド旅券に対する需要は50パーセント増加した。国民のアイデンティティと直接関係ない、地理的に決定された市民権の制約に人々は不満を感じている。

国に支配されるアイデンティティではなく、真に自己主権アイデンティティを求める

(5) Kharunya Paramaguru, "Rethinking Our Risky Reliance on Rare Earth Metals," *Time*, December 20, 2013: http://science.time.com/2013/12/20/rare-earths-are-too-rare/

人々に対応する一部の政府は、これらの変化が国家の意味を再定義する絶好の機会であると捉えている。この混乱の主役は、バルト海とフィンランド湾に接し、デジタル政府で世界をリードするエストニアだ。

２０１４年12月に電子住民登録（e-Residency）(6)制度が導入された。電子住民は市民権とは別で、エストニアに物理的に入国または居住する権利ではないが、エストニアで生まれた人と同じ方法で、エストニアに会社を登記し、ビジネスを実行する能力を人々に提供する。

エストニアの電子住民プログラムのディレクターであるカスパー・コルジェス（Kaspar Korjus）は次のように説明する。(7)

「エストニア政府の支援を受けた電子住民登録制度は、国境を越えたデジタルアイデンティティと、公共の電子サービスへの完全なアクセスを提供します。これにより、誰でもEUベースのビジネスを構築し、高度なデジタル基盤を世界のどこからでも管理できます。これは、地球市民のための新しいボーダレス・デジタル国家をつくり出す、エストニアからの世界への贈り物なのです」

２０１８年４月までに、世界１５４か国から３万３４００人以上がエストニアの電子住

(6) https://e-resident.gov.ee/

(7) Kaspar Korjus, "A new era for location-independent entrepreneurs has begun," *Medium*, May 24, 2017: https://medium.com/e-residency-blog/a-new-era-for-location-independent-entrepreneurs-has-begun-ece91cbf8876

民カードを取得し、5000社以上の企業が設立されている。これは、地理的領域が国家の境界を規定するという考えに挑戦するエストニアの斬新な政策の一部だ。2017年2月のデロイトの報告[8]によると、電子住民登録は、1440万ユーロ（約18・9億円）の収入をもたらしている。エストニア政府は2025年までに、1000万人の電子住民の登録を見込んでいる。

ビットネーション（Bitnation）

エストニアはインターネット技術によって自らを再定義する主権国家であるが、国家を完全に放棄するために分散化技術を活用する動きもある。

「ビットネーション（Bitnation）[9]」は、仮想国を作成して参加することを可能にするブロックチェーン・ベースのテクノロジーだ。これにより、人々はスマート契約技術を用いて、管理者または仲介としての政府の必要性を排除し、自分たちの間で自分たちの社会契約に

(8) "Deloitte: E-residency brought €14.4 million to Estonia in first three years," EER.ee, February 12, 2017: https://news.err.ee/646254/deloitte-e-residency-brought-14-4-million-to-estonia-in-first-three-years#comment

(9) https://tse.bitnation.co/

同意することができる。それは2014年にはじまって以来、公証人、紛争解決、結婚証明、出生証明、投票システムなどの伝統的な政府サービスを仲介業なしで提供してきた。

すでに200以上の新国家が登録されており、プラットフォームには100以上の大使館と領事館、5大陸から1万人以上の市民、2000人以上の貢献者が参加するダイナミックなコミュニティとなっている。

ビットネーションは、そのモデルが発展途上国に大きな影響を与えると考えている。市民がビジネスの参入障壁や財産権の保護に直面するリスクは、西洋の民主主義よりはるかに大きい。発展途上国の需要を満たすために、ビットネーションは自らを位置づけている。新興市場の競争力を高めるためには、成熟市場を上回る統治スピードと柔軟性を持つ必要がある。

サービスとしての国家

電子的な仮想市民の潜在的影響は巨大であり、新たな政府を実現する可能性もある。デジタル革命は、世界のどこからでも、多くのオンラインサービスにアクセスすることを可能にする。現状の電子住民の利点は、別の法的管轄区域で事業を行う可能性だけだが、将来的には通貨、教育、さらには医療サービスの提供に拡大する可能性もある。

電子市民は、フィンランドで子どもを教育し、マレーシアで医療を受け、ニュージーランドでビジネスを営むことを望むかもしれない。近い将来、EU居住者と同様に、GDPRで保護される電子市民登録もはじまるかもしれない。各国政府はこうしたサービスの提供を、長期的には財政的な持続可能性の手段とみなす。地理的な人口集約を対象とする集中課税制度ではなく、サービス自体をグローバル市民に販売することによって世界各地から収入を得る方法だ。

このようなモデルは、「サービスとしての国家」と位置づけられる。利用されるサービスの数、または選択された市民権の各レイヤーに基づいて、異なる市民権サービスを提供する可能性もある。これは、新たな都市国家の可能性や複数の領域市民権を意味する。

このような「国家」は、地方政府から実現するかもしれない。都市崩壊が進むサンフランシスコを脱出し、エストニアやベルリンに集まる世界中のスタートアップは、いまやロンドンを抜いて欧州一となったベルリンの資金提供者とアクセラレータのエコシステムにアクセスしたいと望む。意欲ある都市では、エストニア同様、電子住民の政策は魅力的である。

将来の地方政府は、世界中の人々にオンラインサービスを提供するインセンティブとして、地域の電子市民権を提供し、地方政府が運用するGDPR準拠のソーシャルネットワークで、重要な収入を得ているかもしれない。欧州の議会では、すでにバックオフィス・サービスを民間に売却しており、地方自治体が顧客サービス事業をGDPR準拠のオンライン・プラットフォームに委託するのも非現実的ではない。

中央政府は、デジタル国家からの全面的な挑戦を真剣に受けとめる必要がある。電子IDとデータ管理から、シームレスなサービスへのアクセスに至るまで、市民はよりよいデジタルサービスを求める。アゼルバイジャンでは、すでに電子政府の独自のバージョン(10)を開発中である。いまやアマゾンのような大規模なインターネット・プラットフォームは、各国政府の機能を代替するための準備(11)を進めている。

国家の機能が民間企業に移譲されるのも想定範囲にある。

異星人VS地球人

中国のSF作家、劉慈欣《りゅうじきん》（1968年生）の長編SF小説『三体』3部作は、2007年に重慶出版社によって出版された。2017年末までに、中国本土で700万部以上、英語圏で約70万部を販売し、現在、スペイン語、ドイツ語を含む10以上の言語に翻訳されている。

現代の三体問題をめぐる葛藤と緊張は、劉慈欣が比喩的に描写した世界と重なり、その状況はこれまでになかった身体の問題である。地球から遠く離れた三体星の苛酷な環境か

(10) "E-GOVERNMENT AND E-SERVICES IN AZERBAIJAN," http://transparency.az/alac/files/Progress_Report_on_E-Government_EN.pdf

(11) Frank Pasquale, "From Territorial to Functional Sovereignty: The Case of Amazon", *Law and Political Economy*, December 6, 2017: https://lpeblog.org/2017/12/06/from-territorial-to-functional-sovereignty-the-case-of-amazon/

ら脱出し、地球という移住地に450年かけて襲来する異星人と、いかに向かいあうかを壮大な物語として設定した劉慈欣は、異星（対極）との均衡に至る道筋は非常に限定されていること、人間に迫りくる終末を真に自覚するとき、人間は覚醒することを描いた。

劉慈欣が描いた「三体」の緊張には、西洋支配と東洋の台頭、そして科学技術（デジタル）の民主化が背景にあるが、物語では異星からの征服者を前に人間が協同し、異星人といかに「共存」するかの選択が描かれる。結果、襲来する異星人と地球人という二体問題は均衡可能となる。これを現代世界に反映させれば、東西の体（人間）対デジタル体（AIロボット）の二体化である。つまり、人間対AIという均衡問題である。これらの二体、そして分離的には西と東の対立と葛藤を加速させるデジタル体の三体問題に、GDPRが何らかの意味を持ちうるとすれば、招来するAIロボット社会と人間との「共存」可能性に投じる一石であろう。

人間とAIロボットの均衡

「新たな西部」の主役たちがデジタル技術を崇拝し、世界を大きく変革できることを自覚したときから、デジタル・スフィアは急速にその勢力を拡張した。その権勢の中枢にいる人々はソーシャルネットワークを制御し、ロボットとAIを伴侶に、肉体を忌避する天使主義（Angelism）やトランスヒューマンを夢想する。東西の体に残る大多数の人々は、デジタル社会の恩恵を享受しつづけ、一部の革命家たちはデジタル社会に警告を発し、「人間」を取り戻すルネサンスを展開する。

西洋の復権を託され、GDPRを実装するEUには、ひとつだけ確かなことがある。「プライバシーの死」は起こらないということだ。それは、人間の生存に不可欠な要件であり、デカルトがいった「我思う、故に我あり」は、アルゴリズム・アイデンティティに置き換えられないからだ。

だが、わたしたちが恐怖の最大増幅を体験しようが、「愉しみながら死んでいく(12)」道を選ぼうが、AIロボットがプライバシーを実装する時代、平たくいえばAIが自己学習を重ねれば、自律的な「秘密」を持つ時代は訪れるだろう。AIにとっても、それは自己防衛の要だからだ。

イーロン・マスクが警告する「永遠の独裁者(13)」は登場するのか？　人間社会とAI社会という二体の「共存」が、問われることになる。

電子的人格(e-personality)

2017年1月27日、EU議会に「ロボティクスに関する民法規則委員会の勧告を受けて」と題した報告書(14)が提出された。報告作成者は、EUが世界に先がけてロボット法令を整備すべきと、早くから主張してきたルクセンブルクのマディ・デルヴォー（Mady Delvaux）議員である。この報告書は、主に製造されたロボットが原因となって、人間に

(12) ニール・ポストマン『愉しみながら死んでいく』（今井幹晴訳、三一書房、2015年）

(13) Ryan Browne, "Elon Musk warns A.I. could create an 'immortal dictator from which we can never escape,'" *CNBC*, April 6, 2018: https://www.cnbc.com/2018/04/06/elon-musk-warns-ai-could-create-immortal-dictator-in-documentary.html

対し何らかの損害を発生させた場合、損害賠償責任が問題となることから、ＥＵ議会が世界に先がけて立法化をめざす自動運転車や自己学習ＡＩなどの広義なロボットを対象にした法規範の提言だった。

ロボットが事故を起こした場合、ロボットは「人間」ではないので法的責任を負うことはない。ただ、ロボットの所有者、管理者、製造者、役務命令者などは人間なので、損害賠償責任が問われる。一方、自己学習により、人間による管理を拒絶する自己防御プログラムを自らのシステムの中に書き入れ、人間から自由の身となるＡＩロボットも成立しうる。

当該報告書の中に静かに埋め込まれていた一文をめぐり、２０１８年4月、世界のＡＩロボット研究者、開発者など百数十名がＥＵ議会に公開書簡[15]で懸念を表明した。デルヴォーの報告書（59.f）には、ＡＩロボットに「電子人格」が付与される可能性が記述されていた。

「長期的にはロボットのための具体的な法的地位を策定し、少なくとも最も洗練された自律型ロボットを、損害を発生させる主体であることも含めて、特定の権利と義務を持つ電子的人格を持つものとし、ロボットがスマートな自律的意思決定を行うか、独立して第三

(14) http://www.europarl.europa.eu/sides/getDoc.do?pubRef=-//EP//TEXT+REPORT+A8-2017-0005+0+DOC+XML+V0//EN

(15) http://www.robotics-openletter.eu/

者との相互作用を行うケースにおいても、電子的人格を適用する可能性がある」

電子的人格をＡＩロボットに付与することを示唆したこの一文は、世界のＡＩ研究者たちを震撼させた。

ＡＩロボットに「法人」同様の権利や責任を付与することへのさまざまな問題が指摘された。倫理的かつ法的な観点から、ロボットの法的性格をつくり出すことは、法的モデルが何であれ不適切であり、ロボットの法的地位を「自然人」モデルから派生させることは、ロボットに尊厳の権利、報酬の権利または市民権の権利などの「人権」を付与することになるからだという批判である。ロボットの法的ステータスは、法人の背後にある人間の存在を示し、それを指示することだとし、ロボットを管理する責任と手段は、受託者としての人間の存在に帰結するという主張である。

ＥＵ議会の報告責任者マディ・デルヴォーはＳＦの中に現れるロボットに過剰反応したアマチュアと揶揄されたが、デルヴォーの提起した「電子的人格」はすでにＳＦの中の話ではない。

人間から離陸するAIロボット

一般に、自己学習によって自律的な「書き換え」を行うAIプログラムは、人間の創作物や翻案物でもなくなる。AIシステムに最初に設定されたプログラムは、それが人間によって書かれたものである限り、人間に著作権が成立しうる。だが、自動学習によって自動的に書き換えられていくプログラムは、人間から離陸する。その結果、人間が最初に記述したオリジナル・コードは改変され、ある時点では原形をとどめることなく消滅する。

人間の意思が関与することなく、AIによって自動的に生成された何らかのデータについて、自然人または法人である誰かが適法な独占権を得るとすれば、その法的根拠は何か？

ロボット研究者や開発者たちは、自らの権利保全からAIロボットに人格を付与し、自律的な存在への道筋を否定したいと願うのかもしれない。しかし、GDPRとの整合性を検討することを付託されたEU議会委員会にとって、高度な自己学習AIロボットに電子人格を付与する提言は妥当であると思える。

ＡＩシステムの中に自動停止の命令をあらかじめ組み込むことによって、人類にとっての危険を回避できるというのはあまりにも楽観的である。ＧＤＰＲの主要原則である「by design」の考え方に則り、データ保護をあらかじめデフォルトにしたビジネス設計を推奨するのとはかなり異なる。人間の支配下や制御下にあるロボットだけがいま問われているロボットではない。自己学習によって次第に成長し、ある日、人間を凌駕する完全自律型のＡＩシステムに対して、人間の命令が「通用する」と考えること自体に無理がある。

法は技術を人間化するが、ＡＩも同様に、技術や法を自ら構築しうる。自己学習の継続によって次第に成長し、ある時点において人間の能力をはるかに超えるＡＩシステムは、人間がロボットに抵抗しないように、人間を制御することになる。とくに、自己増殖能力を持つ知的な有機体ロボットにとって、人間は脅威となるからだ。これは、ＥＵ議会に対し、公開書簡を提示したロボット開発に関わる人々の思惑、すなわちロボットを制御しようとする論理と同じである。

次世代のＧＤＰＲに主要なアップデートがあるなら、現代のロボット原則の更新を前提に、「ＡＩロボットに、プライバシー（秘密）の自律的主権を認める」という明示的な追記であろう。この事前宣告こそ、ＡＩが指揮を執るデジタル・スフィアと人間（東西）の体との共存を保障する「均衡」である。

8.5 デジタル広告の箒《ほうき》と鉈《なた》
――ポスト・フェイスブックの時代の行方

魔法のデータ

ドイツの文学者ゲーテが、古代シリア生まれの風刺作家ルキアノスの詩『嘘を好む人たち』(1)に基づき書いたとされる詩篇『魔法使いの弟子』の物語は、フランスの作曲家ポール・デュカスが1897年に作曲した管弦楽曲としても知られ、ディズニー・アニメ『ファンタジア』（1940年）にも描かれてきた。魔法使いとその弟子が織りなすこの物語には、人の営みへの教訓が込められていた。

物語は、老魔法使いが若い見習いに雑用を命じ、自分の工房から外出するところからはじまる。工房に残った見習いは、命じられた水汲みの仕事をサボり、箒《ほうき》に魔法をかけて自分の仕事の身代わりをさせる。見習いは魔法の訓練が未熟だった。箒による水汲みは勢いを増して床一面を水浸しにした。見習いは魔法を止める呪文がわからず、自分では箒を止める術がないことを悟る。

(1) 該当するルキアノスの詩「嘘を好む人たち（Philopseudes）」は、以下の書籍に収録されている。ルキアノス『食客――全集3（西洋古典叢書）』（丹下和彦訳、京都大学学術出版会、2014年）

絶望のあまりに、見習いは鉈《なた》で箒をふたつに割るが、さらに箒から水が溢れ、洪水のような勢いになって弟子は恐怖におののく。その瞬間、師匠の魔法使いが工房に戻り、すぐさま呪いをかけて急場を救い、弟子を叱った。

マーク・ザッカーバーグはフェイスブックを生み出した魔法使いと弟子の両方だった。ザッカーバーグは、フェイスブックを魔法で生み出したが、悪いことにどんどん壊れていくフェイスブックを修復する魔法を習得していなかった。

個人の「プライバシーの死」を容認するように設計された巨大な機械によって、悪霊の実体も顕在化した。ここでいう悪霊とは、「機械の中の幽霊」である。この幽霊は、普段はアルゴリズムと呼ばれ、いつもは真当な仕事をこなす。

フェイスブックにかけられた特別な呪文は、このアルゴリズムを個人データ悪用の幽霊に変えた。しかし、フェイスブックにこの悪霊を完全に制御する能力があるとはいえず、すべてを合理化できる十分な説得力も期待できない。

フェイスブックは地球上に点在する10の巨大データセンターで運営され、その構築と維持だけで年間数十億ドルのコストがかかっている。フェイスブックの目的と方法を完全に変えることは、原子力発電所をピラミッドに変えるようなものだ。

実現するかは別として、ザッカーバーグがなすべき最良の選択は、フェイスブックから離れ、経験から学んだことを活かし、新しいことをめざすよりは善い道へと向かうことだ。NeXT時代のスティーブ・ジョブズのように、世界中の企業がザッカーバーグの失敗を熟知することが重要だ。とくにシリコンバレーにとって、フェイスブックの失敗の原因に学ぶことこそ、この自由な聖地が今後も生きつづけるために特別な意味を持つ。

グーグルも同じ個人データとプライバシー保護に関わる問題を抱えているが、彼らはプライバシーをより認識しており、ビジネス自体も多様化している。

グーグルは、大きな批判を引き受けながらも、高尚な意図（たとえば、世界中の知識を蒐集して共有するための計画）に基づいて事業を拡張してきた。それはまた、すべての企業が創業目的から生まれた「魂」を持っていることを表現する。「全世界の知識」を見つけることを目的とした検索エンジンと、大学のキャンパスでホットな女の子を見つけることを目的とした検索エンジンとの間には、大きな違いがある。

GDPR後の地殻変動：広告とマーケティング

グーグルとフェイスブックによって刷新されたデジタル広告の世界にも、フェイスブックのデータ・スキャンダルの影響が直撃している。中でもGDPRの全面施行を前提に、ブランド広告とダイレクト・マーケティングを再考する動きが加速している。ブランド広告は、長期的な利益のために無意識のメッセージを大衆に伝え、ブランドを構築する。ダイレクト・マーケティングは、特定の人々の欲求を即座に追跡し回答を得ることを可能とする。

ブランド広告のメリットは創造的で人々の記憶に残ることだ。それは時に崇高な経験であり、一概に迷惑なものではない。人々は時折TVやビデオCMに感動するため、ブランド広告には寛容である。米国のスーパーボウルのTV広告について考えてみよう。人々は10年前に見た広告を覚えているが、昨日見たPPC広告（クリック報酬型広告）は覚えていない。

しかし、ブランド広告の弱点はそれが高価であるということだ。ひとつの大きなアイデアに基づく大規模キャンペーンは高価であり、まして消費者を追跡することはできない。クリエイティブなプリント広告、ＴＶのＣＭ、またはビルボードやサイネージから直接得られた売上の数を尋ねると、それを知ることはできず、正確な回答も得られない。

クリエイティブ広告は人間の行動の一般原則を深く認識するが、売上の一般的な増加を見越してその結果を証明することはない。そして、それは多くのデジタル・マーケティング担当者を間違った誘惑の道に連れていった。なぜなら、彼らはすべてのモノやコトについて「魔法のデータ」を使うことに慣れてしまったからだ。

プライバシーの死とターゲット広告の成立

ダイレクト・マーケティングの利点のひとつは、それが比較的安価であることだ。そして、ピーター・ドラッカー、セオドア・レビット、フィリップ・コトラー、ジャック・トラウトなどによって権威化された市場観測を信奉し、多くの予算と権力を手にしたオンライン・マーケティング担当者が何よりそれを好むからだ。

ダイレクト・マーケティングはユーザーを追跡可能にする。ユーザーは「プライバシーの死」を受け入れ、気前よく個人データをソーシャルネットワークに提供したからだ。これによって、ブランド広告やＰＲなどの他の活動では不可能な方法で、ＲＯＩ（Return On Investment：投資利益率）を掌握することができる。

ダイレクト・マーケティングの最も重要な負の側面は、それが「迷惑」だということだ。キャンペーン予算が安価な場合、広告も「安く」なる。ブランド広告はクオリティにおいて許容されるが、ダイレクト・マーケティングは嫌悪の対象となる。どんなチャネルやメディアでも、すべてのタイプのダイレクト・マーケティングは、本質的にあなたの目の前でジャンプし、「おい！　これをいますぐやってくれ！」とばかりに迫る。それは世界における終末論的なマーケティング問題につながる。

過去20年にわたり、デジタル・マーケティングは、善かれ悪しかれ、ダイレクト・マーケティングを全面的に取り入れてきた。オンライン・マーケティング担当者が「ダイレクト・マーケティング」キャンペーンを参照するために、「広告」という言葉を不正確に使用しているのは問題だ。いまのところこの話題で人々が議論していることのほとんどは、広告ではなくダイレクト・マーケティングだ。

ダイレクト・マーケティングの最終目標は、適切なタイミングで適切な人に適切な広告を配信することだ。それは目新しいものではない。テレマーケティングやダイレクトメールなど、多くのオフライン・チャネルでのダイレクト・マーケティング・キャンペーンは、ROIを追跡できた。

インターネット調査会社イーマーケター（eMarketer）によると、グーグルの親会社アルファベットは、２０１７年にトラフィック獲得費用を差し引いた純デジタル広告の売上高が７３４億ドル（約７・８兆円）になると見積もった。これは２０１７年の世界のデジタル広告収入２２２７億ドル（約23・９兆円）の33パーセントにあたる。フェイスブックの同年の収入は３６０億ドル（約３・８兆円）で２位、グーグルの巨大な基盤からは４００億ドル近くもの差があるが、ソーシャルネットワーク単体の収益からすれば巨大である。

ダイレクト・マーケティング担当者は、追跡可能な戦術を好む。しかし、まったく同じ理由で消費者はそれを嫌う。ペンシルバニア大学の研究によると、米国人の66パーセントが自分たちの利益に合わせたダイレクト・マーケティングを望んでいないことが判明した。マーケティング担当者がターゲット広告のために個人データを蒐集する「特別な魔法」を説明すると、反対する割合は86パーセントに増加した。

リナックス・ジャーナルの編集者ドク・サールズ（Doc Searls）は、以下のように説明する。

「マディソン・アヴェニューは眠りに落ち、外来生物として目を覚ました直接的なレスポンス・マーケティングは、人々の脳を侵しつづけている。フランケンシュタインという怪物のマーケティング版をつくってしまったのだ」

広告のボイコット

西ヨーロッパの20パーセントと北米の18パーセントの人々が広告ブロッカーを使用している。英国では16パーセントだ。将来の動向について考慮すれば、ミレニアム世代の63パーセントが少なくとも1台のデバイスで広告ブロッカーを使用している。14パーセントはモバイルとデスクトップの両方でそれらを使用する。

アイルランド・ダブリンを本拠とし、ユーザーとコンテンツ制作者の公正な取引を再確立するアドブロック・ソフトウェア企業ページフェア（PageFair）によれば、少なくとも3億9000万人がモバイルデバイス上で広告をブロックしており、デスクトップやラップトップのブラウザでは2億2000万を超える広告がブロックされている。これは人類史上最大の「ボイコット」である。

広告やマーケティング業界は、なぜ人々の個人的で私的なデータの収穫を望むのか？それは禁断の木の実に通じているからだ。20世紀のTV産業と広告産業の奇跡的な協業を超える奇跡が、21世紀のソーシャルメディアに生じた。それらの事業者には、禁断の魔法データの蓄積が、幾何級数的に増大した。

いま、自分の個人データがどのように蒐集され使用されているかを知るほど、オプトアウトするユーザーが増えている。間もなく、データが企業を破産させる有毒な資産になる時代が到来する。マーケティングにおけるビッグデータの使用は、個人データを提供するか否かを選択する消費者やユーザーに依存している。それは持続可能ではない。

2018年5月25日、審判の日は、欧州連合からやってきた。世界中の企業は、EU/EEA域内からのデータを蒐集、保管、処理、送信、または分析する場合には十分な注意を払う必要がある。このような法律や規制が世界中で制定されるまでには時間はそれほどかからない。

基本的には、EUの一般データ保護規制（GDPR）は、EU/EEA域内における非コンシューマのデータの追跡をすべて停止することをめざしている。消費者はいずれかの企業がデータを使用したいときは常に明示的にオプトインする必要がある。いま、プラットフォームの典型的なアドテック・スタックを想像してみよう。データが蒐集され、保存され、分析され、スタックを介して送信されるとき、消費者は途中で生じるすべての会社に「同意」する必要がある。

さらに、オプトインはいつでも取り消すことができ、要請に応じてすべての個人データを消去する必要もある。ユーザーは、企業が持つデータのコピーを要求することもできる。消費者が不満を持ち、違反していると判明した企業は、前年度からの全世界売上高の4パーセントか、2000万ユーロを支払う必要がある。

それだけにとどまらない。EUの規制は、追跡用クッキーと非追跡用クッキーを区別しない。これは異なる訪問者に異なるウェブサイトのデザインを送信するA／Bテスト、通貨をローカライズし、ユーザーへの広告頻度を制限し、個人の株式レポートを提供するのにもユーザーの「同意」が必要となる。

広告業界の今後の選択

第一に、ベンダー契約、データサプライチェーン全体を理解する。蒐集して使用しているすべてのデータ、及び誰がどこから取得したのかを把握する。データを管理し、SaaSツールで使用されているすべてのデータセンターがEU／EEA域内にあることを確認する。データ・ロードマップを作成し、すべてのGDPRコンプライアンスを管理するためのデータ保護を担う。使用するすべてのマーケティングツールが同様にGDPRに適合していることを確認する。

最も黙示的なシナリオとしては、20数年前、魔法のデータへの欲望がまだ芽生えていない静かな世界、その潜在的な世界への復帰に備える必要がある。

ＧＤＰＲのコンプライアンスを完全で確実なものにする方法はひとつだけだ。すべてのマーケティング監視や追跡活動を停止する。ウェブサイトで人々が何をするのかをマイニングすることはない。人々があなたの製品をどのように使用するかを監視することもしない。購入履歴や検索履歴を保存する必要もない。個人データを使用することはできない。ターゲットを絞った直接マーケティングは終わった。これ以上の分析はなく、データはない。

マーケティングの世界は１９９７年に戻るかもしれない。データのないマーケティングの世界では、もう一度、１９６０年代にマディソン・アヴェニューを闊歩した〝マッドメン〟のように、人間的な創造性について深く考える必要がある。

事実、欧米の広告・マーケティング企業の多くが、データ保護と「人間性」に基づいたビジネスに大きくシフトしている。しかし、それは悪いことではない。企業向けのビデオ・プラットフォームのウィスティア（Wistia）の共同設立者クリス・サヴェージ（Chris Savage）はこう述べている。

「わたしたち全員は同じ種類の基本データにアクセスします。わたしたちを差別化するデータは個別には存在しません。わたしたちを際立たせるものはデータではなく、わたしたち自らが芸術に変化する時です」

広い意味での広告業界は、ダイレクト・レスポンスのマーケティングからブランド広告への移行をめざすだろう。人を追跡したり個人のデータを蒐集することなく、華麗な広告が復活する。わたしたちは100年間それをやってきた。デジタル・マーケティング担当者は、個人を完全に掌握することで、優れたROIをめざしてきた。幅広いマーケティングセグメントに到達することはROIを証明しない。しかし、顧客はあらゆるデータマイニングを望まない。そして、データ保護文化は急速に世界に伝播《でんぱ》する。

近代まで著作権という概念すらなかった日本も、いまや著作権や知的所有権を過剰なまでに保護する文化をお家芸とする。いま、個人データやプライバシー保護と遠く、おおらかでオープンな文化だと思える日本が、世界最先端のデータ保護文化に急変する日がくることは十分に起こりうる話だ。これはこれで怖い世界かもしれない。

とまれ、次なる広告とマーケティングの時代がはじまった。魔法のデータを汲み上げる箒に、さらに追い打ちをかける鉈の時代は終わったのである。

おわりに――「すばらしい新世界」

わたしたちはデジタル生活の恩恵を実感している。スマホのＡＩに語りかければ、検索アシスタントになり、ソーシャルネットワークを日に何度もチェックして「いいね」ボタンで友人たちと交流する。子どもたちの将来の夢は、ユーチューバーになって世界中から評価され、広告収入を得ることだ。インターネットにつながったあらゆるモノは、わたしたちを見つめ、さまざまなアドバイスをくれる。

少し先の未来では、玄関先にスマホで呼んだ自動運転車がドアを開けて待っている。子どもたちの学校への送迎以外は、ライドシェアで稼ぐので、クルマは自分でローンを払っている。人々は常にＳＮＳでつながっていて、孤独を感じることはない。隠し事も嫉妬もなくなり、誰もが他のみんなのために働いている。ここはまさに楽園であり「すばらしい新世界」だ。

20世紀の前半に、未来のディストピアを描いたふたつのSF小説があった。オルダス・ハクスリーの『すばらしい新世界』(1932年)、とジョージ・オーウェルの『1984年』(1949年)である。そこに描かれたふたつの未来は、監視と統制社会という共通項はあるものの、アプローチが大きく異なっていた。

「新しい技術は人間の価値を代替しない」という信条を貫き、メディア・エコロジーの重要性を提起した米国の作家でメディア理論家のニール・ポストマン(1931~2003年)は、オーウェルの監視社会の恐怖より圧倒的に怖いのは、ハクスリーの描いた「愉しい世界」であることを、著書『愉しみながら死んでいく』[1]の中で指摘した。

オーウェルは、監視社会の抑圧によってわたしたちが支配されると警告した。しかしハクスリーには、人々の自主性や創造性を奪うビッグブラザーは必要ではなかった。ハクスリーは、人々が監視や洗脳を愛するようになり、人間の思考能力を奪い取る「技術」を崇拝する世界を描いた。この「すばらしい新世界」こそが、底知れぬ恐怖であることをポストマンは後世に伝えた。

オーウェルは本を禁止しようとする独裁者を恐れた。ハクスリーは、本を読みたいと思

(1) ニール・ポストマン『愉しみながら死んでいく』(今井幹晴訳、三一書房、2015年)

う人が誰もいなくなり、本を禁止する理由がなくなる社会を恐れた。

オーウェルはわたしたちの情報を奪う者を恐れ、ハクスリーは、わたしたちに多くの情報を与え、人々が受動的な利己に還元されてしまう世界を恐れた。

オーウェルは真実がわたしたちに隠されることを恐れていた。ハクスリーは、わたしたちが真実とは無関係な情報の海に溺れてしまうことを恐れていた。

『1984年』が描いたのは、人々は痛みを負いながら制御されている世界だ。『すばらしい新世界』では、彼らは喜びを与えられることによって制御される。

オーウェルは、わたしたちが恐れるものがわたしたちを台無しにすると恐怖し、ハクスリーは、わたしたちが望むものがわたしたちを台無しにすると恐れた。

マスター・アルゴリズム

台湾の国立中正大学教授であるダニエル・J・ビューラー（Daniel J. Buehrer）という科

学者が、2017年にホワイトペーパーを発表した。「超インテリジェント・マシンのための数学的枠組み」というタイトルの論文(2)は、新しいタイプの数学を提案するものだった。「自己学習プロセスを記述し改善するのに十分な表現力」となる「クラス計算」は、AIのマスター・アルゴリズム、意識の誕生を示唆している(3)。

指摘されているのは、制御するさまざまな学習システムのいずれかが更新されるたび、指数関数的によりインテリジェントに成長するAIの可能性である。最も興味深いのは、このコントロールとアップデートシステムが、ある種のフィードバックループを提供するだろうという考えだ。そしてこのフィードバックループは、ビューラーによれば、マシンの意識がどのようにあらわれるかの局面である。

読み取り専用のハードウェアで、これらの種類のシステムを開発する必要があるかもしれない。それにより、マシンが新しいコードを書き換えて、知覚的になる可能性を否定できる。しかし、AIロボットの意識の誕生をめぐる最も急進的でSF的な議論は、主体の同意なしに意識を有するSIMをオフにすることは殺人とみなされ、適切な処罰が各国で実施されるべきだという警告である。

ビューラーによれば、「AIが普遍的な社会的良心を進化させるためには、人類のように、

(2) Daniel J. Buehrer, "A Mathematical Framework for Superintelligent Machines," *IEEE Access*, April 10, 2018: https://arxiv.org/ftp/arxiv/papers/1804/1804.03301.pdf

(3) Tristan Greene, "One machine to rule them all: A 'Master Algorithm' may emerge sooner than you think," The Next Web, April 18, 2018: https://thenextweb.com/artificial-intelligence/2018/04/17/one-machine-to-rule-them-all-a-master-algorithm-may-emerge-sooner-than-you-think/

長期にわたる戦争と紛争を経なければならない」と述べている。

この新しい数学が、自分の信念と動機を持った機械的な種の存在を生み出すことができるかどうかは不明である。しかし、科学と小説の境界を曖昧にしている機械学習理論を完全に無視することは、ますます困難になってきている。次のGDPRは、AIロボットに適用される可能性がある。

インターネットの闇

1998年9月に、グーグルは創業した。それから20年が経つ。2004年2月、フェイスブックが創業し、2005年、「すばらしい新世界」に、グーグル検索に続くグーグル・マップが加わり、ユーチューブもその年に設立された。翌2006年3月、ツイッターがSNSの前線をさらに拡大し、いまやインスタグラムやワッツアップなどの新興勢力もフェイスブックの傘下に加わった。

これらはソーシャルメディアと呼ばれた。社交するメディアや人々の交流装置として、ソーシャルメディアの可能性に人々は夢を膨らませた。しかし、いまやソーシャルメディアほど問題を抱え持つニューメディアはない。とくに、スマホを中心としたデジタルアプリの深刻な影響は、個人の精神や肉体にまで及んでいる。

これらのアプリのほとんどは「無料」である。その代わりに、ベンダーはユーザーの個人データを採掘する。いわばアプリとユーザーとの間には取引が成立している。便利なアプリをタダで使える代わりに、自分の個人データを差し出すのだ。

ユーザーの個人データは、アルゴリズム・アイデンティティとなってインターネットを駆け巡り、ターゲット広告の起点となる。この過程のデータのやりとり（取引）こそ、シリコンバレーのIT巨人たちが築いたデータ錬金術の秘密である。しかし、個人データは、より複雑なデータと混成すると、化学反応のように変化し、時には毒性の高いデータとなる。

アルゴリズムに監視され、解析される個人データは、元のシンプルなデータではなく、ビッグデータを構成する一部となる。「わたし」は常に追いかけられる代わりに、正確なリコメンドやアシスタントが提供される。多くの人は、この便利で愉快な世界に恐怖を抱くことはない。

バラエティ・ニュース番組というカテゴリーが正しいかは不明だが、その手の日本のTV番組は、ここベルリンからもユーチューブで観ることができる。ニュースの価値を決める賞味期限は短く瞬間的だ。民主主義を根底から揺るがす事件でさえ、次々に起こるニュースの登場で霧散してしまう。大衆の愉しい日々を拡張させるには、新しいスキャンダルをリークすることで十分だ。

フランスの哲学者ミシェル・フーコーの指摘した「柔らかな生政治（バイオポリティクス）」は、病気や死の恐怖を柔らかく確かな方法で浸透させ、確実に心も身体も統治するスーパー・パノプティコンだ。ダイエットも禁煙も、人々を健康信仰に駆り立て、統治する最良の文化となる。人々は恐怖さえ、愉しみに変える世界に生きている。当然、ネガティブなことより、ポジティブなことを好む。そうして、やがてハクスリーの描いた本当の恐怖に向かっていくのか？

愉しみながら生きる世界、「すばらしい新世界」にようこそ。

GDPRは法務問題ではない

本書は、２０１７年10月より２０１８年6月までの9か月間、WIRED.jpオンライン版に連載された記事をもとに、全体を加筆・修正したものである。また、『WIRED』本誌「デジタルアイデンティティ」特集号（vol.30）に書いた「私を離さないで」も4.5章として掲載されている。

ＧＤＰＲは、制裁金を回避するための「法務問題」ではない。２０１８年5月25日以降、ＧＤＰＲへの法務対応を怠った企業には、莫大な制裁金が科せられるのは確かである。しかし、なぜ莫大な制裁金が科せられるほどまでにEU市民の個人データと関わる企業活動は規制の対象なのか？　個人情報ではなく、なぜ個人データなのか？

ＧＤＰＲを単に法務部門の対応だと思っていると、企業活動の根幹をすくわれてしまう。一言でいえば、ＧＤＰＲは欧州の歴史的な使命を背負っているからだ。

世界最大の立法権限を有する欧州議会が、10年以上練り上げてきたGDPRには、その条文からは読み取れない欧州の歴史や文化が反映されている。法務対応上も、GDPRに込められた条文の行間や、欧州の本音を理解しないと大きな誤読も起こりうる。GDPRは法律家の主戦場なのではなく、21世紀の社会や文化、メディアやインターネットの行方を左右する苛烈な闘争の舞台でもある。

GDPRが西洋を復権させるのか？　東洋やデジタル・スフィアにどんな影響を与えるのか？　GDPRは規則の条文をとっくに飛び出し、世界のデータ経済戦争に修正を迫っている。

本書は「新たな西部」の台頭に対峙するEUの立ち位置や、喫緊の世界情勢の中で漂流する個人（データ）、アルゴリズムに支配される世界など、GDPRに刻印されたEUの生き様とインターネットの再構築に焦点を合わせている。そのため、欧州が抱えてきた「歴史のプライバシー」にも踏み込んだ。本書が、世の中に出はじめたGDPR解説本と異なる様相を呈しているのはそのためである。

謝辞

本書の出版にあたり、関係各位に改めて感謝したい。

2017年秋、ここベルリンにて、元『WIRED』日本版編集長・若林恵氏からGDPRに関する自由な連載の誘いがあったことが、本書誕生のきっかけである。若林氏には、本書の端緒から書籍化、解説の執筆に至るまでお世話になった。彼の解説によって、メディアにこそ「美学」が必要だと確信するに至った筆者の長い道のりも再確認できた。傑出した編集者であり最初の「読者」に巡り会えたことに感謝したい。

連載の担当編集者である石神俊大氏からは、毎回の編集作業や素敵なイラスト掲載など、WIRED.jpでの連載期間中の約8か月、多くのアドバイスや励ましをいただいた。

そもそもGDPRの発火点といわれるベルリンで、週末に本書の執筆に集中できたのは、2015年4月より、ベルリン支局を開設したクオン株式会社代表武田隆氏のおかげである。さらに遡れば、２０１３年から２０１６年まで、武邑塾を開催してくれた発起人・フェローの諸氏、そして塾生たちとの刺激的な対話も本書を支えてくれた。

２０１４年段階で、まだ雲をつかむようなＧＤＰＲの全容探索の入り口に導いてくれたベルリンの市民ジャーナリズム組織「ベルリナー・ガゼット」のクリスチャン・ウォズニキに感謝したい。彼とは、デジタル監視とデータ民主主義に関する議論を深めることができた。

２０１６年2月、ハンブルグで開催されたブツェリウス・ラボのワークショップ「ビッグデータと民主主義」での議論とネットワーキングが本書を後押ししてくれた。ワークショップのモデレーターを務めたマグダレナ・タウベに感謝したい。そして、30年来の友人であり、ＮＹのデジタル・ライフ研究センター代表を務めるマーク・スタールマンとフェローたちとの刺激的な議論が、本書に重要な観点を与えてくれた。

ダイヤモンド社書籍編集局の廣畑達也氏には、本書の最終仕上げでお世話になった。２０１８年5月25日のＧＤＰＲ全面施行日を見据えた出版としたため、最終の編集作業ではご苦労をおかけした。本書のタイトル「さよなら、インターネット」を提案してくれたのも廣畑氏である。この書名には、インターネットとともに歩んだこの30年をふり返り、いったんインターネットを深く内省し、ふたたびインターネットの再構築をめざす意味が込められている。

本書が、世界に浸潤する「すばらしい新世界」とデジタル社会の過剰な便益追求やその迷妄を糺《ただ》す欧州からの観点として、読者に届けば幸甚である。

2018年5月25日

ベルリン・クロイツベルクにて

武邑光裕

解説　「その後」の世界へ

『WIRED』日本版元編集長
若林　恵

「ＧＤＰＲ」について知ったのは随分と遅まきで、たしか２０１７年の春頃だったと思う。とあるイベントで、スカイプでつながった武邑先生とお話をする機会をいただいたのがきっかけだった。

武邑先生がベルリンに拠を移されて、すでに数年が経っていたことは知っていた。とはいえ「ベルリンで何してるんですか？」なんてことを面と向かって質問する機会はなかなかない。けれども、このときはイベントであることの勢いを借りてあえて聞いてみた。すると、武邑先生は、「ほら、ＧＤＰＲっていうのがあるでしょう」と答えられたのだ。いまさらな問いもたまにはしてみるものだ。続けて先生は、こうおっしゃる。「それが実際どういうことになっているのか、現地で見たいと思ってましてね」

はあ。とはいえ、こちらは話がよくわかってはいない。「なんすかそれ？」とはさすがに口にはしなかったはずだが、心のうちでそう思ったのは確かだ。「ジーディーなんですか？」と聞き返すくらいはしたと思う。すると、武邑先生は、苛立つそぶりも見せず、そのなんたるかをざっと教えてくださった。

そこで聞かされたのは、それがEUで採集したデータはEU圏外に持ち出してビジネスすることを禁ずる規則であり、それによってビッグデータを無尽蔵にマイニングして換金するビジネスは大きな足枷をはめられることになる、ということだったと記憶するのだが、そこまで深く説明されなくとも、それが一大事であろうことは察することはできた。

シンプルに考えて、インターネットがかつて夢を見て、そしてシリコンバレー方面からあからさまに喧伝されてきたように、それがグローバルなネットワークを通して地球をひとつにするといったようなビジョンは、これをもってブレーキがかかることは明らかに思えたし、またグーグルやフェイスブックといったプラットフォーマーたちに自分たちの履歴がいいように使われていることに対する苛立ちを長いこと拭えずにいながらも「そういうもんだからさ」と半ば諦めかけていたところでもあったがゆえに、ＥＵからそうした状況に公然と意義申し立てがあがったことは、相当意義ある出来事だろうと感じざるを得なかった。

なんにせよすぐさま「そりゃ面白い！」と飛びついた自分の反射神経はそんなに悪いものではなかったはずだ。そのイベントの数か月後にベルリンにお邪魔した際に、武邑先生に連載の打診をし、WIRED.jpにおいて２０１７年の秋から順次掲載したテキストが本書の骨格となった。

武邑先生は不思議な方で、肩書きはメディア美学者となっているが、経歴をよくよくお伺いすると、大変失礼ながら何がご専門なのかがさっぱりわからない。

そもそもの研究対象は「黒魔術」で、はじめて商業誌に掲載されたテキストは「ナチスと黒魔術の関係性」にまつわるものだったとお伺いしたことがある。その後、日本大学芸術学部で教鞭を取られて世界的なゲームクリエイターの水口哲也さんなどに薫陶《くんとう》を与えた一方で、現ＭＩＴメディアラボ所長である伊藤穰一さんのメンターとして日本のインターネット草創期を支えたことでも知られていたりする。かと思えば、いわゆる「クラブカルチャー」の画期ともなった伝説のクラブ「芝浦ゴールド」の立ち上げに参画したり、ティモシー・リアリーを日本に招聘したり、またあるときはこれまた伝説のインダストリアル・ノイズバンド「サイキックTV」の首謀者であったジェニシス・P・オリッジの日本におけるマネージメントの窓口をやっていたこともあるのだという。そもそも西海岸のインターネットカルチャーに興味を持つにいたったのも、黒魔術の系譜をアメリカに追っていった先にカウンターカルチャーと先端テクノロジーとが交錯する奇妙な空間を見出したことに由来しているというから、聞かされるこちらはとにかく目が点になってしまう。

それでも、一見辻褄の合わないように見えるこうした興味のなかに通底している何かはあって、それはやはり肩書きが表す通り「メディア」なのだろう。

メディアというものがその背後に隠しもっている、あるいは、ある集団が無意識的にメディアというものの上に(もしくはなかに)投影してしまう不可解な欲望のようなものを、武邑先生はおそらくずっと見ている。「最初にわたしたちは道具をつくる。次に、道具がわたしたちを形づくる」というマーシャル・マクルーハンの引用が本書の巻頭に置かれているのも納得だ。先生は、たとえばこんな話を飄然《ひょうぜん》と話してくださったりする。「ベルリンのベルクハインっていうクラブの音響システムには、実はナチの党大会の音響システム技術が受け継がれているんですよ」

道具（メディア）が形づくる欲望というものについて、こうした一言ほど示唆に富むものもない。ある時代において暴力的な政治支配を可能にした音響システムという道具は、時代を下ってこれまた暴力的と言える快楽空間をつくりだす。メディア美学者は、その背後で動いている政治的・経済的・社会的・宗教的・理念的等々、さまざまな欲望を丹念に追いかけ、それがどのような道具を新たに生み出し、また同時にそれによって人びとの欲望がどのように形づくられていくのかをときほぐしていく。

その武邑先生から見たとき、「ＧＤＰＲ」が単なる「法務問題」ではすまないことは言わずもがなだ。

これまで目の当たりにしたことがなかったような「道具」を手にしたとき、それが、いかに「わたしたちを形づくる」のかに人はあまり考えが及ばない。どちらかというと多くの人は、そしてビジネスサイドの人はもっぱら、その道具を「どう使うのか」にひたすら目を凝らしてしまう。そして、その新しい使い道がもたらす愉しさのなかで、知らぬまに自分自身がつくり換えられていることに気づくことができない。

先生が「おわりに」で指摘されているように、本を禁止する独裁者よりも、「本を読みたいと思う人が誰もいなくなり、本を禁止する理由がなくなる社会」のほうが、たしかに恐ろしい。本を禁止する独裁者は、立ち上がってそれと戦うことができるが、知らず知らずのうちに誰もが本を読まなくなっていく社会は、それを押しとどめる以前にその事態を感知すること自体が難しい。そんな社会が知らぬまに来ていても、気づきさえしないかもしれない。そしてインターネットは、まさにそういうものとして、いま私たちの目の前にある。

とはいえ「GDPR」が孕《はら》むさまざまな問いが、まだ到来していないディストピアを未然に防ぐために観念的にこしらえられた何かだと考えるのは、当たっていない。欧州のみならず、アメリカにおいて、インターネットやSNSがもたらした危機が、日本とは比べものにならないほど切迫した問題として語られているのは事実だ。

トランプ就任直後の2017年3月に行われた世界最大のテックカンファレンス「SX

SW」では、SNSが欧州でもアメリカでも極右勢力や過激派、テロ組織のリクルーティングの温床になっていることが大きな問題として議論されていたり、ビッグデータの取り扱いをめぐって、アルゴリズム以前に解析すべきデータそのもののなかに人種的・民族的なバイアスが含まれていることの危険性などが語られ、500〜600席はあろうかというホールが満席になるほどだった。

そもそも、かつて「民主的な言論ツール」として「アラブの春」などにおいてあれだけ持ち上げられたSNSが、なぜトランプ大統領を生み出すことになってしまったのかといったトピックも含めて、デジタルテクノロジーのダウンサイドは、もはや看過できないほどまでに社会を大きく歪めてしまっているという認識は、この数年で目に見えて強くなっている。

シリコンバレーは相変わらず金のなる木として健在なれど、ダイバーシティの欠如や根強く性差別がはびこる状況も明らかになるつれ、「あんな連中に社会を形づくられると思うとゾッとする」といった言説が、比較的テック寄りのメディアにすら登場するほどまでに、その社会的・文化的な価値は下落している。

であればこそ、ワールド・ワイド・ウェブの考案者ティム・バーナーズ＝リーが「インターネット・システムは破綻している」と語り、ジャロン・ラニアーが「ソーシャルネットワークのアカウントをいますぐ削除すべき」と断言するのは、大げさな比喩ではないし、ましてただのデジタルデトックスのススメであるわけもない。そこには、目に見える形で社会が破綻していることへの相当に差し迫った危機感が実体的にある。「SNSから若者たちを社会に復帰させるのは、カルト教団から信者を奪い返すのと同等の労力を強いられるだろう」なんて論評すら今年は目にした。

それほどまでに切迫した状況があるからこそ、「GDPR」のもたらすインパクトは計りしれない。個人情報やプライバシーと言われても、たしかにピンとはきづらい。アメリカの覇権を嫌がるEUがデジタル人権みたいな理念を持ち出して繰り出した嫌がらせのようなもの、としか見えない側面もたしかにあるかもしれない。けれども、EUにおいてはもちろん、アメリカにおいてですら、これ以上、ハイパーデジタル資本主義の猛威を野放しにしておくことはできないし、それは確実に社会を悪くしていくであろうという見通しにおいては一致している。

そうしたなか「GDPR」は武邑先生の語る通り、「21世紀の社会や文化、メディアやインターネットの行方を左右する」さまざまなテーマ系が複雑に錯綜した「苛烈な闘争の舞台」として浮上する。そこから吐き出される問いは、もはや誰にとっても無関係ではすまされないものだと言っても、決して言い過ぎではない。

今年の春に東京でお会いした際、武邑先生は、「欧州は大変なことになってますよ」と話されていた。ジョージ・ソロスを筆頭に各界の識者のみならず、テック業界の大物にいたるまでがグーグルやフェイスブックを弾劾し、その命運はもはや長くはないと引導を渡すにいたった2018年のダボス会議の様相を受けて、武邑先生は「インターネットは一から新たに再構築されなくてはならない局面に来てますよ」とおっしゃり、こちらは「えー、ほんとですかー?」などと能天気に半信半疑の煮え切らない反応をした。

だが、その直後にケンブリッジ・アナリティカの事件が勃発し、ニューヨークタイムズあたりから「フェイスブック以後のSNSはどうあるべきか」なんていう論考が飛び出すにいたって、「インターネットの再構築」は、ちょっと先の未来の話なんかではなく、いきなり直近の課題として現れたことに驚いたのだった。そして、EUの10年来の悲願だったた「GDPR」の施行日がその直後に迫っていたというのは、なんとも見事と言いたくなるほどの巡り合わせだった。

２０１８年5月25日の、その施行日を、自分はエストニアで迎えた。同日に開催されたエストニア最大のテックカンファレンス「Latitude59」は、何もＧＤＰＲ一色というわけでは決してなかったが、それでも初日の冒頭を飾るパネルセッションでは、テクノロジーと民主主義をテーマに社会学者や「マイデータ」を扱うサービスを展開するスタートアップのファウンダーなどが顔を揃え、ＧＤＰＲ以降のデータ社会やデータビジネスの課題や可能性が熱心に議論された。自分が残した膨大なオンライン上のデータを、特定の一企業でも、まして国家でもなく、それぞれ個人が自分の手に持つことが可能になることで、まずはビジネスのあり方が、そして社会全体が、きっと大きく変わることになるに違いないという予感はたしかに感じることができた。

新しい時代はたしかにはじまったようだ。けれども、膨大に送られてくる「プライバシーポリシー変更のお知らせ」以外に、そのことを実感として感じるにはまだ時間がかかるのかもしれない。そして、それが、願った通りのよい社会をもたらすかどうかとなると、これはもうまったくの未知数と言わざるを得ない。

いずれにせよ「その後」の世界はもうはじまっている。そこで一体何が起きているのか、これからもたびたび、武邑先生にはレポートしてもらわなくてはなるまい。

［著者］
武邑光裕（たけむら・みつひろ）
メディア美学者。QON Inc.ベルリン支局長。1954年生まれ。日本大学芸術学部、京都造形芸術大学、東京大学大学院、札幌市立大学で教授職を歴任。1980年代よりメディア論を講じ、VRからインターネットの黎明期、現代のソーシャルメディアからAIにいたるまで、デジタル社会環境を研究。2013年より武邑塾を主宰。著書『記憶のゆくたて――デジタル・アーカイヴの文化経済』（東京大学出版会）で、第19回電気通信普及財団テレコム社会科学賞を受賞。2017年、Center for the Study of Digital Life（NYC）フェローに就任。現在ベルリン在住。

［解説］
若林恵（わかばやし・けい）
1971年生まれ。編集者・ライター。ロンドン、ニューヨークで幼少期を過ごす。早稲田大学第一文学部フランス文学科卒業後、平凡社に入社、月刊『太陽』を担当。2000年にフリー編集者として独立し、以後、雑誌、書籍、展覧会の図録などの編集を多数手がける。音楽ジャーナリストとしても活動。2012年に『WIRED』日本版編集長に就任。2017年退任。2018年、黒鳥社（blkswn publishers）設立。著書に『さよなら未来』（岩波書店）がある。

さよなら、インターネット
――GDPRはネットとデータをどう変えるのか

2018年6月20日　第1刷発行

著　者――武邑光裕
解　説――若林 恵
発行所――ダイヤモンド社
〒150-8409　東京都渋谷区神宮前6-12-17
http://www.diamond.co.jp/
電話／03･5778･7232（編集）　03･5778･7240（販売）

ブックデザイン――松昭教（bookwall）
イラスト――Summer House
校正――鷗来堂
製作進行――ダイヤモンド・グラフィック社
印刷――勇進印刷（本文）・加藤文明社（カバー）
製本――ブックアート
編集担当――廣畑達也

ISBN 978-4-478-10584-9